चरित्र-निर्माण

व्यक्तित्व एवं चरित्र-निर्माण के लिए प्रेरणादायक

सत्यकाम विद्यालंकार

राजपाल

स्थापित 1912
100 वर्षों की
श्रेष्ठ प्रकाशन परम्परा
राजपाल

₹ 200

ISBN : 9788170281795

CHARITRA-NIRMAN (Self Development)
by Satyakam Vidyalankar
मुद्रक : जी. एस. ऑफसेट, दिल्ली

राजपाल एण्ड सन्ज़

1590, मदरसा रोड, कश्मीरी गेट, दिल्ली-110006
फोन : 011-23869812, 23865483, 23867791
website : www.rajpalpublishing.com
e-mail : sales@rajpalpublishing.com
www.facebook.com/rajpalandsons

दो शब्द

हर मनुष्य का अपना-अपना व्यक्तित्व है। वही मनुष्य की पहचान है। कोटि-कोटि मनुष्यों की भीड़ में भी वह अपने निराले व्यक्तित्व के कारण पहचान लिया जाएगा। यही उसकी विशेषता है। यही उसका व्यक्तित्व है।

प्रकृति का यह नियम है कि एक मनुष्य की आकृति दूसरे से भिन्न है। आकृति का यह जन्मजात भेद आकृति तक ही सीमित नहीं है; उसके स्वभाव, संस्कार और उसकी प्रवृत्तियों में भी वही असमानता रहती है।

इस असमानता में ही सृष्टि का सौन्दर्य है। प्रकृति हर पल अपने को नये रूप में सजाती है। हम इस प्रतिपल होनेवाले परिवर्तन को उसी तरह नहीं देख सकते जिस तरह हम एक गुलाब के फूल में और दूसरे में कोई अन्तर नहीं कर सकते। परिचित वस्तुओं में ही हम इस भेद की पहचान आसानी से कर सकते हैं। यह हमारी दृष्टि का दोष है कि हमारी आंखें सूक्ष्म भेद को और प्रकृति के सूक्ष्म परिवर्तनों को नहीं परख पातीं।

मनुष्य-चरित्र को परखना भी बड़ा कठिन कार्य है, किन्तु असम्भव नहीं है। कठिन वह केवल इसलिए नहीं है कि उसमें विविध तत्वों का मिश्रण है बल्कि इसलिए भी है कि नित्य नई परिस्थितियों के आघात-प्रतिघात से वह बदलता रहता है। वह चेतन वस्तु है। परिवर्तन उसका स्वभाव है। प्रयोगशाला की परीक्षण नली में रखकर उसका विश्लेषण नहीं किया जा सकता। उसके विश्लेषण का प्रयत्न सदियों से हो रहा है। हज़ारों वर्ष पहले हमारे विचारकों ने उसका विश्लेषण किया था। आज के मनोवैज्ञानिक भी इसी में लगे हुए हैं। फिर भी यह नहीं कह सकते कि मनुष्य-चरित्र का कोई भी संतोषजनक विश्लेषण हो सका है।

इस पुस्तक का उद्देश्य चरित्र का विश्लेषण करना या विश्लेषण के परिणामों की आलोचना करना नहीं है। इसका प्रयोजन केवल चरित्र-निर्माण के उपायों पर इस रीति से प्रकाश डालना है कि व्यावहारिक जीवन में उसका उपयोग हो सके।

क्रम

1

प्रवृत्तियों का संयम : चरित्र का आधार

अपने को पहचानो–'चरित्र' शब्द मनुष्य के सम्पूर्ण व्यक्तित्व को प्रकट करता है। 'अपने को पहचानो' शब्द का वही अर्थ है जो 'अपने चरित्र को पहचानो' का है। उपनिषदों ने जब कहा था : 'आत्मा वारे श्रोतव्यो मन्तव्यो निदिध्यासितव्य;, नान्यतोऽस्ति विजानतः,' तब इसी दुर्बोध मनुष्य-चरित्र को पहचानने की प्रेरणा की थी। यूनान के महान् दार्शनिक सुकरात ने भी पुकार-पुकार कर यही कहा था : अपने को पहचानो!

विज्ञान ने मनुष्य-शरीर को पहचानने में बहुत सफलता पाई है। किन्तु उसकी आंतरिक प्रयोगशाला अभी तक एक गूढ़ रहस्य बनी हुई है। इस दीवार के अन्दर की मशीनरी किस तरह काम करती है, इस प्रश्न का उत्तर अभी तक अस्पष्ट कुहरे में छिपा हुआ है। जो कुछ हम जानते हैं, वह केवल हमारी बुद्धि का अनुमान है। प्रामाणिक रूप से हम यह नहीं कह सकते कि यही सच है; इतना ही कहते हैं कि इससे अधिक स्पष्ट उत्तर हमें अपने प्रश्न का नहीं मिल सका है।

अपने को पहचानने की इच्छा होते ही हम यह जानने की कोशिश करते हैं कि हम किन बातों में अन्य मनुष्यों से भिन्न हैं। भेद जानने की यह खोज हमें पहले यह जानने को विवश करती है कि किन बातों में हम दूसरों के समान हैं। समानताओं का ज्ञान हुए बिना भिन्नता का या अपने विशेष चरित्र का ज्ञान नहीं हो सकता।

हमारी जन्मजात प्रवृत्तियां–मनोविज्ञान ने यह पता लगाया है कि प्रत्येक मनुष्य कुछ प्रवृत्तियों के साथ जन्म लेता है। ये स्वाभाविक, जन्मजात प्रवृत्तियां ही मनुष्य की प्रथम प्रेरक होती हैं। मनुष्य होने के नाते प्रत्येक मनुष्य को इन प्रवृत्तियों की परिधि में ही अपना कार्यक्षेत्र सीमित रखना पड़ता है। इन प्रवृत्तियों का सच्चा रूप क्या है, ये संख्या में कितनी हैं, इनका संतुलन किस तरह होता है, ये रहस्य अभी पूरी तरह स्पष्ट नहीं

हो पाए हैं। फिर भी कुछ प्राथमिक प्रवृत्तियों का नाम प्रामाणिक रूप से लिया जा सकता है। उनमें से कुछ ये हैं :

डरना, हँसना, अपनी रक्षा करना, नई बातें जानने की कोशिश करना, दूसरों से मिलना-जुलना, अपने को महत्त्व में लाना, संग्रह करना, पेट भरने के लिए कोशिश करना, भिन्न योनि से भोग की इच्छा—इन प्रवृत्तियों की वैज्ञानिक परिभाषा करना बड़ा कठिन काम है। इनमें से बहुत-सी ऐसी हैं जो जानवरों में भी पाई जाती हैं। किन्तु कुछ भावनात्मक प्रवृत्तियां ऐसी भी हैं, जो पशुओं में नहीं हैं। वे केवल मानवीय प्रवृत्तियां हैं। संग्रह करना, स्वयं को महत्त्व में लाना, रचनात्मक कार्य में संतोष अनुभव करना, दया दिखाना, करुणा करना आदि कुछ ऐसी भावनाएं हैं, जो केवल मनुष्य में होती हैं।

प्रवृत्तियों की व्यवस्था– बीज-रूप में ये प्रवृत्तियां मनुष्य के स्वभाव में सदा रहती हैं। फिर भी मनुष्य इनका गुलाम नहीं है। अपनी बुद्धि से वह इन प्रवृत्तियों की ऐसी व्यवस्था कर लेता है कि उसके व्यक्तित्व को उन्नत बनाने में ये प्रवृत्तियां सहायक हो सकें। इस व्यवस्था के निर्माण में ही मनुष्य का चरित्र बनता है। यही चरित्र-निर्माण की भूमिका है। अपनी स्वाभाविक प्रवृत्तियों का ऐसा संतुलन करना कि वे उसकी कार्यशक्ति का दमन न करते हुए उसे कल्याण के मार्ग पर चलाने में सहायक हों, यही आदर्श व्यवस्था है और यही चरित्र-निर्माण की प्रस्तावना है।

इसी व्यवस्था का नाम योग है–इसी सन्तुलन को हमारे शास्त्रों ने 'समत्व' कहा है। यही योग है–'समत्वं योग उच्यते' यही वह योग है जिस 'योगः कर्मसु कौशलम्' कहा है। प्रवृत्तियों में संतुलन करने का यह कौशल ही वह कौशल है जो जीवन के हर कार्य में सफलता देता है। इसी समबुद्धि व्यक्ति के लिए गीता में कहा है :

योगस्थः कुरु कर्माणि सङ्गं त्यक्त्वा धनञ्जय।
सिद्ध्यसिद्ध्योः समो भूत्वा समत्वं योग उच्यते।।
बुद्धियुक्तो जहातीह उभे सुकृतदुष्कृते।
तस्माद्योगाय युज्यस्व योगः कर्मसु कौशलम्।।

यह संतुलन मनुष्य को स्वयं करना होता है। इसीलिए हम कहते हैं कि मनुष्य अपने भाग्य का स्वयं स्वामी है। वह अपना चरित्र स्वयं बनाता है।

चरित्र किसी को उत्तराधिकार में नहीं मिलता। अपने माता-पिता से हम कुछ व्यावहारिक बात सीख सकते हैं, किन्तु चरित्र हम अपना स्वयं बनाते हैं। कभी-कभी माता-पिता और पुत्र के चरित्र में समानता नज़र आती है; वह भी उत्तराधिकार में नहीं, बल्कि परिस्थितियों-वश पुत्र में आ जाती है।

परिस्थितियों के प्रति हमारी मानसिक प्रतिक्रिया–कोई भी बालक अच्छे या बुरे चरित्र के साथ पैदा नहीं होता। हाँ, वह अच्छी-बुरी परिस्थितियों में अवश्य पैदा होता है, जो उसके चरित्र-निर्माण में भला-बुरा असर डालती हैं।

कई बार तो एक ही घटना मनुष्य के जीवन को इतना प्रभावित कर देती है कि उसका चरित्र ही पलट जाता है। जीवन के प्रति उसका दृष्टिकोण ही बदल जाता है। निराशा का एक झोंका उसे सदैव के लिए निराशावादी बना देता है, या अचानक आशातीत सहानुभूति का एक काम उसे सदा के लिए तरुण और परोपकारी बना देता है। वही हमारी प्रकृति बन जाती है। इसलिए यही कहना ठीक होगा कि परिस्थितियां हमारे चरित्र को नहीं बनातीं, बल्कि उनके प्रति जो हमारी मानसिक प्रतिक्रियाएं होती हैं, उन्हीं से हमारा चरित्र बनता है। प्रत्येक मनुष्य के मन में एक ही घटना के प्रति जुदा-जुदा प्रतिक्रिया होती है। एक ही साथ रहने वाले बहुत-से युवक एक-सी परिस्थितियों में से गुज़रते हैं; किन्तु उन परिस्थितियों को प्रत्येक युवक भिन्न दृष्टि से देखता है; उनके मन में अलग-अलग प्रतिक्रियाएं होती हैं। यही प्रतिक्रियाएं हमें अपने जीवन का दृष्टिकोण बनाने में सहायक होती हैं। इन प्रतिक्रियाओं का प्रकट रूप वह है जो उस परिस्थिति के प्रति हम कार्य-रूप में लाते हैं। एक भिखारी को देखकर एक के मन में दया जागृत हुई, दूसरे के मन में घृणा। दयार्द्र व्यक्ति उसे पैसा दे देगा, दूसरा उसे दुत्कार देगा, या स्वयं वहां से दूर हट जाएगा।

किन्तु यहीं तक इस प्रतिक्रिया का प्रभाव नहीं होगा। यह तो उस प्रतिक्रिया का बाह्य रूप है। उसका प्रभाव दोनों के मन पर भी जुदा-जुदा होगा। इन्हीं नित्यप्रति के प्रभावों से चरित्र बनता है। यही चरित्र बनने की प्रक्रिया है। इसी प्रक्रिया में कुछ लोग संशयशील, कुछ आत्मविश्वासी और कुछ शारीरिक भोगों में आनन्द लेने वाले विलासी बन जाते हैं; कुछ नैतिक सिद्धान्तों पर दृढ़ रहने वाले तपस्वी बन जाते हैं, तो कुछ लोग तुरन्त लाभ की इच्छा करनेवाले अधीर और दूसरे ऐसे बन जाते हैं जो धैर्यपूर्वक काम के परिणाम की प्रतीक्षा कर सकते हैं।

बच्चे को आत्मनिर्णय का अधिकार है–यह प्रक्रिया बचपन से ही शुरू होती है। जीवन के तीसरे वर्ष से ही बालक अपना चरित्र बनाना शुरू कर देता है। सब बच्चे जुदा-जुदा परिस्थितियों में रहते हैं। उन परिस्थितियों के प्रति मनोभाव बनाने में भिन्न-भिन्न चरित्रों वाले माता-पिता से बहुत कुछ सीखते हैं। अपने अध्यापकों से या संगी-साथियों से भी सीखते हैं। किन्तु जो कुछ वे देखते हैं या सुनते हैं, सभी कुछ ग्रहण नहीं कर सकते। वह सब इतना परस्पर विरोधी होता है कि उसे ग्रहण करना सम्भव नहीं होता। ग्रहण करने से पूर्व उन्हें चुनाव करना होता है। स्वयं निर्णय करना होता है कि कौन-से गुण ग्राह्य हैं, और कौन-से त्याज्य। यही चुनाव का अधिकार बच्चे को भी आत्मनिर्णय का अधिकार देता है।

इसलिए हम कहते हैं कि हम परिस्थितियों के दास नहीं हैं, बल्कि उन परिस्थितियों के प्रति हमारी मानसिक प्रतिक्रिया ही हमारे चरित्र का निर्माण करती है। हमारी निर्णयात्मक चेतनता जब पूरी तरह जागरित हो जाती है और हमारे नैतिक आदर्शों को पहचानने लगती है तो हम परिस्थितियों की ज़रा भी परवाह नहीं करते। आत्म-निर्णय का यह अधिकार ईश्वर ने हर मनुष्य को दिया है। अन्तिम निश्चय हमें स्वयं करना है।

हम अपने मालिक आप हैं; अपना चरित्र स्वयं बनाते हैं–ऐसा न हो तो जीवन में संघर्ष ही न हो; परिस्थितियां स्वयं हमारे चरित्र को बना दें, हमारा जीवन कठपुतली की तरह बाह्य घटनाओं का गुलाम हो जाए। सौभाग्य से ऐसा नहीं है। मनुष्य स्वयं अपना स्वामी है। अपना

चरित्र वह स्वयं बनाता है। चरित्र-निर्माण के लिए उसे परिस्थितियों को अनुकूल या सबल बनाने की नहीं बल्कि आत्मनिर्णय की शक्ति को प्रयोग में लाने की आवश्यकता है।

प्रवृत्तियों को रचनात्मक कार्य में लगाओ–किन्तु आत्मनिर्णय की शक्ति का प्रयोग तभी होगा, यदि हम आत्मा को इस योग्य रखने का यत्न करते रहेंगे कि वह निर्णय कर सके। निर्णय के अधिकार का प्रयोग तभी हो सकता है, यदि उसके अधीन कार्य करनेवाली शक्तियां उसके वश में हों। शासक अपने निर्णय का प्रयोग तभी कर सकता है, यदि अपनी प्रजा उसके वश में हो। इसी तरह यदि हमारी स्वाभाविक प्रवृत्तियां हमारे वश में होंगी, तभी हम आत्मनिर्णय कर सकेंगे। एक भी प्रवृत्ति विद्रोही हो जाए, स्वतंत्र विहार शुरू कर दे तो हमारी सम्पूर्ण नैतिक व्यवस्था भंग हो जाएगी। इसलिए हमारी स्वाभाविक प्रवृत्तियां ही हमारे चरित्र की सबसे बड़ी दुश्मन हैं। उन्हें वश में किए बिना चरित्र-निर्माण का कार्य प्रारम्भ नहीं हो सकता। नैतिक जीवन प्रारम्भ करने से पूर्व हमें उनकी बागडोर अपने हाथ में लेनी होगी। उन्हें व्यवस्था में लाना होगा। इसका यह अभिप्राय नहीं कि उन प्रवृत्तियों को मार देना होगा। उन्हें मारना न तो सम्भव ही है और न हमारे जीवन के लिए अभीष्ट ही। हमें उनकी दिशा में परिवर्तन करके उन्हें रचनात्मक कार्यों में लगाना है। वे प्रवृत्तियां उस जलधारा की तरह हैं जिसे नियन्त्रण में लाकर खेत सींचे जा सकते हैं, विद्युत् भी पैदा की जा सकती है और जो अनियन्त्रित रहकर बड़े-बड़े नगरों को भी बर्बाद कर सकती है।

स्थितप्रज्ञ कौन है–इन प्रवृत्तियों का संयम ही चरित्र का आधार है। संयम के बिना मनुष्य शुद्ध विचार नहीं कर सकता, प्रज्ञावान नहीं बन सकता। गीता में कहा गया है कि इन्द्रियों की प्रवृत्तियां जिसके वश में हों–उसी की प्रज्ञा प्रतिष्ठित होती है। प्रज्ञा तो सभी मनुष्यों में है। बुद्धि का वरदान मनुष्य-मात्र को प्राप्त है। किंतु प्रतिष्ठितप्रज्ञ या स्थितप्रज्ञ वही होगा जिसकी प्रवृत्तियां उसके वश में होंगी। इस तरह की सबल प्रज्ञा ही आत्मनिर्णय का अधिकार रखती है। यही प्रज्ञा है जो परिस्थितियों

की दासता स्वीकार न करके मनुष्य का चरित्र बनाती है। जिसकी बुद्धि स्वाभाविक प्रवृत्तियों, विषयवासनाओं को वश में नहीं कर सकेगी, वह कभी सच्चरित्र नहीं बन सकता।

2

बुद्धिपूर्वक संयम ही सच्चा संयम है

बुद्धिपूर्वक संयम ही संयम की व्यवस्था है–यह बात स्मरण रखनी चाहिए कि हम बुद्धि के बल पर ही प्रवृत्तियों का संयम कर सकते हैं। जीवन के समुद्र में जब प्रवृत्तियों की आंधी आती है तो केवल बुद्धि के मस्तूल ही हमें पार लगाते हैं। विषयों को मैंने आंधी कहा है, इनमें आंधी का वेग है और इनको काबू करना बड़ा कठिन है–इसीलिए यह कहा है। अन्यथा इनमें आंधी की क्षणिकता नहीं है। प्रवृत्तियों के रूप में ये विषय सदा मनुष्य में रहते हैं। उसी तरह जैसे पवन के रूप में आंधी आकाश में रहती है। वही पवन जब कुछ आकाशी तत्त्वों के विशेष सम्मिलन के कारण तीव्र हो जाती है, तो आंधी बन जाती है। हमारी प्रवृत्तियां भी जब भावनाओं के विशेष मिश्रण से तीव्र हो जाती हैं तो तीव्र वासनाएं बन जाती हैं। उनका पूर्ण दमन नहीं हो सकता। बुद्धि द्वारा उन्हें कल्याणकारी दिशाओं में प्रवृत्त ही किया जा सकता है, उनका संयम किया जा सकता है।

संयम की कठिनाइयां–संयम शब्द जितना साधारण हो गया है उसे क्रियात्मक सफलता देना उतना ही कठिन काम है। इस कठिनाई के कारण हैं। सबसे मुख्य कारण यह है कि जिन प्रवृत्तियों को हम संयत करना चाहते हैं वे हमारी स्वाभाविक प्रवृत्तियां हैं। उनका जन्म हमारे जन्म के साथ हुआ है। हम उनमें अनायास प्रवृत्त होते हैं। इसलिए वे बहुत सरल हैं। इसके अतिरिक्त उनका अस्तित्व हमारे लिए आवश्यक भी है। उन प्रवृत्तियों के बिना हम कोई भी चेष्टा नहीं कर सकते। उनके बिना हम निष्कर्म हो जाएंगे; निष्कर्म ही नहीं, हम असुरक्षित भी हो जाएंगे। प्रत्येक स्वाभाविक प्रवृत्ति इसी सुरक्षा और प्रेरणा की संदेश-हर होती है।

उदाहरण के लिए भय की भावना को लीजिए। हम भयभीत तभी होते हैं जब किसी प्रतिकूल शक्तिशाली व्यक्ति या परिस्थिति से युद्ध करने में अपने को असमर्थ पाते हैं। उस समय भय की भावना हृदय में जागती है और हमें कैसे भी हो, भागकर, छिपकर या किसी भी छल-बल द्वारा अपनी रक्षा करने को प्रेरित करती है। यदि हम इस तरह बच निकलने का उपाय न करें तो जान से हाथ धो बैठें अथवा किसी मुसीबत में पड़ जाएं। भय हमें आनेवाले विनाश से सावधान करता है। भय ही हमें यह बतलाता है कि अब यह रास्ता बदलकर नया रास्ता पकड़ो। हम कुछ देर के लिए सहम जाते हैं। प्रत्युत्पन्नमति लोग नये रास्ते का अवलम्ब प्राप्त करके भय के कारणों से बच निकलते हैं। उन्हें अपनी परिस्थिति की कठिनाइयों का नया ज्ञान हो जाता है। उन नई कठिनाइयों पर शान्ति से विचार करके नया समाधान सोच लेते हैं।

भय का भी प्रयोजन है–अतः भय के हितकारी प्रभाव से हम इंकार नहीं कर सकते हैं। किन्तु इस प्रभाव को अस्थायी मानकर इसे क्षणिक महत्त्व देना ही उपयुक्त है। यदि यह भय हमारे स्वभाव में आ जाए तो हम सदा असफल होने की भावना से ग्रस्त हो जाएंगे। भय का अर्थ क्षणिक असफलता का दिग्दर्शन और नये उद्योग की प्रेरणा होनी चाहिए। नई प्रेरणा से मन में नया उत्साह पैदा होगा। जिस तरह शेर पीछे हटकर हमला करता है, मनुष्य ऊँची छलांग मारने के लिए नीचे झुकता है, उसी तरह भय से नई स्फूर्ति और नया संकेत लेने के बाद जब वह नया पुरुषार्थ करने का संकल्प करेगा, तभी भय भाग जाएगा।

जब हमारा भय साथी बन जाता है–निरन्तर असफलता और प्रतिकूलताओं से युद्ध करने की अशक्तता हमारे भय को स्थायी बना देती है। तब हम छोटी से छोटी प्रतिकूलता से भी भयभीत होने लगते हैं। अज्ञानवश हम इन भयप्रद परिस्थितियों को और भी विशाल रूप देते जाते हैं। हमारा अज्ञान हमारे भय का साथी बन जाता है। जिन्हें बादलों में बिजली की कड़क का वैज्ञानिक कारण मालूम नहीं, वे यह कल्पना कर लेते हैं कि दो अलौकिक दैत्य आकाश में भीमकाय गदाओं से युद्ध

कर रहे हैं। बिजली का भय उनके लिए अजेय हो जाता है। अनेक प्राकृतिक घटनाओं को भूत-प्रेतों की लड़ाइयां मानकर हम सदा भयातुर रहने का अभ्यास डाल लेते हैं। सूर्यग्रहण, चन्द्रग्रहण, पुच्छलतारा, महामारी आदि भौतिक घटनाएं भयानक मानी जाती थीं। विज्ञान ने जब से यह सिद्ध कर दिया है कि ये घटनाएं मनुष्य के लिए विनाशक नहीं हैं, तब से संसार के बहुत-से भयों का निराकरण हो गया है।

हम भय की पूजा शुरू कर देते हैं–किन्तु, जिन वैज्ञानिकों ने मनुष्य को इन मिथ्या भयों से छुटकारा देने का यत्न किया था उन्हें मृत्यु-दंड तक दिया गया था। बात यह है कि भय की यह भावना मनुष्य को कुछ अलौकिक शक्तियों पर श्रद्धा रखने की प्रेरणा देती है। श्रद्धा में आनन्द है। वही आनन्द भय पैदा करनेवाली वस्तुओं पर श्रद्धा रखने में आने लगता है। इसलिए हमें अपना भय भी आनन्दप्रद हो जाता है। मनुष्य की ये मनोभावनाएं, जो उसे कमज़ोर बनाती हैं, जब आनन्दप्रद हो जाएं तो समझना चाहिए कि हमारा रोग असाध्य नहीं तो दुःसाध्य अवश्य हो गया है। भय से बचने के उपाय सोचने के स्थान पर मनुष्य जब भय की पूजा शुरू कर दे तो भय से मुक्ति की आशा बहुत कम रह जाती है। उस समय भय की प्रवृत्ति मनुष्य को वश में कर लेती है। हमारा ध्येय यह है कि मनुष्य भय की प्रवृत्ति को वश में करे, न कि वह उसका गुलाम बन जाए।

जब भय का भूत विशाल हो जाता है–मनुष्य भय की प्रवृत्ति का दास किस तरह बन जाता है, यह भी एक मनोवैज्ञानिक अध्ययन है। अगर एक पागल कुत्ता आपका पीछा करता है तो निश्चय ही आपको उस कुत्ते से डर लगने लगता है और आपको उससे डरने की आदत भी पड़ जाती है। यह आदत युक्तियुक्त है। इसका इतना ही मतलब है कि आपको पागल कुत्ते को काबू में करने का उपाय मालूम नहीं है।

किन्तु जब आपको दूसरे कुत्तों से भी भय मालूम होने लगे तो समझ लीजिए कि भय की आदत आपको वश में करने लगी है। जब तक आपको दूसरे कुत्तों के पागल होने का निश्चय न हो तब तक आपको भयातुर नहीं होना चाहिए। किन्तु देखा गया है कि कमज़ोर दिल के आदमी पागल कुत्ते

से डरने के बाद सभी कुत्तों से डरना शुरू कर देते हैं। यह डर बढ़ता-बढ़ता यहाँ तक पहुँच जाता है कि उसे हर चौपाये से डर लगना शुरू हो जाता है। इस भय को वश में न किया जाए तो उसे भयावह वस्तु से सम्बन्धित प्रत्येक वस्तु से भी भय प्रतीत होने लगता है। मेरे एक मित्र का एक बार अंधेरे कमरे में किसी चीज़ से सिर टकरा गया। उसके बाद उन्हें न केवल उस चीज़ से बल्कि अंधकार से भी डर लगने लगा। भयावह वस्तु के साथ उसकी याद दिलानेवाली हर चीज़ से डर लगने लगता है।

भय का यह क्षेत्र बहुत बढ़ता जाता है, और इसका प्रभाव भी मनुष्य के चरित्र पर स्थायी होता जाता है। दुर्भाग्य से यदि उसे भयजनक अनेक परिस्थितियों में से एक साथ गुज़रना पड़ता है तो वह सदा के लिए भयभीत हो जाता है; जीवन का हर क्षण मृत्यु का संदेश देता है; हवा की मधुर मरमर में तूफान का भयंकर गर्जन सुनाई देने लगता है और पत्तों के हिलने में प्रलय के तांडव का दृश्य दिखाई देता है। उसका मन सदा विक्षिप्त रहता है। ऐसा व्यक्ति जीवन में कभी सफल नहीं होता।

निर्भय होने का संकल्प ही भय को जीतने का उपाय है–भय-निवारण के लिए शास्त्रों में ईश-विनय की गई है :

अभयं मित्रादभयममित्रादभयं ज्ञातादभयं परोक्षात्।

यह प्रार्थना ही मनुष्य को अभयदान नहीं दे सकती। ईश्वर ने मनुष्य को भय पर विजय पाने का साधन पहले ही दिया हुआ है। जिस तरह मनुष्य में प्रतिकूलता से डरने की प्रवृत्ति है, उसी तरह प्रतिकूलताओं से युद्ध करने की और अपनी प्रतिष्ठा रखने की प्रवृत्ति भी है। इन प्रवृत्तियों को जागृत करके मनुष्य जब भय को जीतने का संकल्प कर ले, तो वह स्वयं निर्भय हो जाता है। मनुष्य की एक प्रवृत्ति दूसरी प्रवृत्ति का सन्तुलन करती रहती है। जिस तरह प्रवृत्तियां स्वाभाविक हैं, उसी तरह सन्तुलन भी स्वाभाविक प्रक्रिया है। प्राकृतिक अवस्था में यह कार्य स्वयं होता रहता है, किन्तु हमारा जीवन केवल प्राकृतिक अवस्थाओं में से नहीं गुज़रता। विज्ञान की कृपा से हमारा जीवन प्रतिदिन अप्राकृतिक और विषम होता जाता है। हमारी परिस्थितियां असाधारण होती जाती हैं। हमारा

जीवन अधिक साहसिक और वेगवान होता जाता है। संघर्ष बढ़ता ही जाता है। जीवित रहने के लिए भी हमें जान लड़ाकर कोशिश करनी पड़ती है। जीने की प्रतियोगिता में केवल शक्तिशाली ही जीतते हैं। योग्यतम को ही जीने का अधिकार है।[1]—इस स्थापना से प्रत्येक साधारण व्यक्ति को प्राणों का भय लगा रहता है। यह भय हमारी नस-नस में समा गया है।

असफलता का भय मनुष्य को निश्चेष्ट बना देता है—कोई भी काम प्रारम्भ करने का संकल्प करने से पहले असफलता का भय हमारी इच्छा-शक्ति को शिथिल करने के लिए पैदा हो जाता है। कर्म मार्ग की कठिनाइयों का वर्णन करते हुए उपनिषदें कहती हैं : 'क्षुरस्य धारा निशिता दुरत्यया दुर्गमपथस्तत्कवयो वदन्ति।' अर्थात् छुरे की धार की तरह तेज़ और दुर्गम है कर्म का मार्ग। दूसरे कहते हैं : 'गहना कर्मणो गतिः।' परन्तु वह काम इतना गहन या छुरे की धार की तरह तेज़ नहीं होता जितना उस काम में असफलता का डर होता है।

असफलता का यह भय मनुष्य के मन को संशयशील ही नहीं बनाता, बल्कि सच्चे रास्ते पर चलने में भी बाधक बन जाता है। 'सच्चा रास्ता' बड़ा अस्पष्ट शब्द है। हमारा अभिप्राय सच्चे रास्ते से यह है कि जिस रास्ते पर मनुष्य चलने का विचार करता है, विवेक द्वारा उस रास्ते पर चलने का निश्चय करने के बाद भी वह चल पड़ता है उल्टे रास्ते पर। इसे संभ्रम कहिए, स्मृति-विभ्रम कहिए या दीवानापन। एक ही अर्थ के कई वाचक शब्द हैं ये। गीता में इसी स्मृति-विभ्रम से बुद्धि-नाश और उसके बाद विनाश की चेतावनी भगवान कृष्ण ने दी है। 'मैं धर्म को जानता हूँ, किन्तु मेरी प्रवृत्ति नहीं होती; मैं पाप को जानता हूँ, किन्तु उससे निवृत्ति नहीं पा सकता।'[2] यह मनःस्थिति हो जाती है उस व्यक्ति की जो कार्य करने से पूर्व ही उसकी असफलता के भय से विचलित हो जाता है। मन की यह स्थिति यदि निरन्तर कुछ देर तक रहे तो मनुष्य की मानसिक स्नायु-ग्रंथियां

1. Survival of the fittest
2. जानामि धर्मं न च मे प्रवृत्तिः जानाम्यधर्मं न च मे निवृत्तिः। —महाभारत

बहुत निर्बल होकर अपना कार्य बन्द कर देती हैं। चेतन बुद्धि अपना काम करना ही बन्द कर देती है। इसे ही मानसिक निश्चेष्टता[1] कहते हैं।

मानसिक द्वन्द्व स्वाभाविक क्रिया है–मनुष्य का मानसिक द्वन्द्व, यदि वह जागरित चेतनाओं में है, कभी मानसिक निश्चेष्टता का कारण नहीं बनता। यदि कोई आदमी अपने कोट के कपड़े का रंग पसन्द नहीं कर पाता, या अपने किसी भी कार्य की शैली का निश्चय नहीं कर पाता तो उसके स्नायु स्वस्थ नहीं होंगे। असंशय की इस अवस्था का प्रभाव उसकी कार्यशक्ति पर या मनोबल पर अवश्य पड़ता है। किन्तु मन की चेतनता विलुप्त नहीं होती। यह तभी होता है जब उसे अपने मानसिक द्वन्द्व की प्रकृति का भी पूरा ज्ञान न हो। ऐसा व्यक्ति कभी अपने ध्येय की ओर प्रगति नहीं करता। चौराहे पर खड़ा हुआ वह सोचता है कि किधर जाऊँ। उसे मालूम है कि उत्तर दिशा के रास्ते पर जाने से वह अपने गन्तव्य स्थान पर शीघ्र पहुँच जाएगा। किन्तु, क्योंकि पूर्व दिशा का रास्ता कुछ आसान है, इसलिए वह पूर्व की ओर जाने को तैयार हो जाता है। किन्तु उसे जाना तो उत्तर दिशा में था, इसलिए वह बीच का, उत्तर-पूर्व का, रास्ता पकड़ लेता है। यह रास्ता न तो उसे उसके ध्येय पर पहुंचाता है, न ही वह आसान है। केवल समझौते के तौर पर उसने यह मार्ग पकड़ा है। मानसिक रोग के रोगी यही कहते हैं–'मैं चाहता हूँ, किन्तु कर नहीं पाता...।' यह वाक्य ऐसे ही दुर्बल इच्छा-शक्ति वाले मनुष्यों का प्रिय वाक्य है।

ऐसे संशयात्मा व्यक्तियों के लिए संसार में कोई स्थान नहीं है। ऐसी आत्माएं आत्म-निर्णय के अधिकार का प्रयोग नहीं कर सकतीं। ऐसे मनुष्य निर्णयात्मक बुद्धि या व्यवसायात्मिक बुद्धि से रहित होते हैं। इन्हीं क्षीणबल और हीनचेष्ट व्यक्तियों के लिए भगवान् कृष्ण ने कहा था–'संशयात्मा विनश्यति।'

भगवान् कृष्ण ने अर्जुन के संशय को दूर करने के लिए गीता का उपदेश दिया था। अर्जुन का संशय असफलता के भय से पैदा हुआ

1. Nervous breakdown

संशय नहीं था। असफलता से भी अधिक भयंकर रूप कई बार नैतिक भय पकड़ लेता है। कहीं यह पाप तो नहीं, समाज की दृष्टि में यह भला है या बुरा, माता-पिता इसमें प्रसन्न होंगे या अप्रसन्न, आदि अनेक प्रकार के नैतिक भय भी मनुष्यों को निर्बल और संशयात्मा बना देते हैं।

भय-प्रेरित शिक्षा मानसिक विकास की शत्रु है–भय को कभी चरित्र-निर्माण का आधार नहीं बनाना चाहिए। अज्ञानवश माता-पिता भय दिखाकर ही अपनी संतान को चरित्रवान बनाने का यत्न करते हैं। हमारी आज की शिक्षा-पद्धति का आधार ही भय है। हम भय दिखलाकर बच्चों की रचनात्मक वृत्तियों को कुचल देते हैं। माँ को यह डर लगता है कि बच्चा आग से अपने को जला न ले। बच्चा जब आग के पास जाता है तो वह चिल्ला उठती है–'वहाँ न जाओ, इससे जल जाओगे।' बच्चा डर जाता है, दूर हट जाता है। आग उसके लिए रहस्यमय वस्तु रह जाती है। वह अपने अनुभव से तो जानता नहीं कि आग जलाती है। वह तो इतना ही जानता है कि माँ कहती है 'आग जलाती है।' यदि बचपन में माँ ने ज़रा-सा भी जलने दिया होता तो बच्चा सच्चाई जान लेता और आग के प्रति रचनात्मक बन जाता।

ईश्वर का भय ईश्वर के प्रति घृणाभाव में बदल सकता है–मैं ऐसे बहुत-से बच्चों को जानता हूँ जिनका जीवन नियंत्रण के कारण नष्ट हो चुका है। नियंत्रण का आधार 'भय' होता है। 'ईश्वर' और 'पाप' की भावनाओं का उद्देश्य भी बच्चों में भय पैदा करना होता है। 'ईश्वर' के भय से जिन बच्चों का चरित्र-निर्माण किया जाएगा, वे न केवल चरित्रहीन हो जाएंगे बल्कि 'ईश्वर' से भी घृणा करने लगेंगे। भय ही घृणा को जन्म देता है। हम जिस वस्तु से डरते हैं उससे घृणा अवश्य करते हैं। जिन बच्चों में भय नहीं होता वे कभी घृणा नहीं करते। फौजी कानून के हिमायती बाप यह समझते हैं कि 'क्योंकि पिटाई से मुझे लाभ हुआ था, मेरे लड़के को भी अवश्य लाभ होना चाहिए।' मेरा विश्वास है कि ऐसे बाप अपने बच्चों से प्यार नहीं करते। ऐसे बाप बच्चों को तरह-तरह के भय दिखलाकर उसके मन में घृणा का ज़हर भर देते हैं। वे उनकी रचनात्मक वृत्तियों

को नष्ट कर देते हैं। ऐसे बच्चे कभी चरित्रवान् नहीं बनते। उनकी आत्मनिर्णय की शक्ति का बीज ही नष्ट कर दिया जाता है।

भय दिखाकर जिस काम से बच्चों को रोका जाए, वह काम बच्चे ज़रूर करते हैं।

लोकापवाद का भय मनुष्य को छल-कपट सिखाता है–समाज का भय या लोकापवाद का भय भी कभी चारित्रिक विकास का कारण नहीं हो सकता। इस भय से मनुष्य का चरित्र नष्ट हो जाता है। वह ऐसे काम करता है जिन पर उसे विश्वास नहीं होता और उन कामों को आधे दिल से करता है। लोक-निन्दा या लोक-स्तुति को अपना पथदर्शक मानने वाला व्यक्ति कभी स्वतन्त्र विचारक या नेता नहीं बन सकता। ऐसे व्यक्ति लोगों से सस्ती वाहवाही पाने के लिए अपनी यथार्थ प्रकृति को दबाते और छिपाते हैं। उनकी सब चेष्टाएं छल-कपट से भर जाती हैं। ऐसा व्यक्ति कभी सफल जीवन व्यतीत नहीं कर सकता।

भूत-भविष्यत् का भय जीवन का शत्रु है–इन सबसे अधिक खतरनाक है भविष्य का भय। भविष्य की चिन्ता से सभी ग्रस्त हैं। जीवन के भविष्य की चिन्ता और फिर जीवन के बाद मृत्यु की चिन्ता साधारण व्यक्तियों को भयभीत रखती है। मृत्यु के भय को दूर करने के लिए तो आत्मा के अमरत्व की कल्पना कर ली गई है, किन्तु जीवन की भविष्य-सम्बन्धी विभीषिकाओं को दूर करने के लिए अभी पूरा प्रयत्न नहीं हुआ है। हमें भूतकाल का शोक और भविष्य की चिन्ता कभी निर्भय नहीं होने देती। बच्चे के जन्म लेते ही माता-पिता को उसके भविष्य का भय ग्रस्त कर लेता है। वस्तुतः यह भय सच्चा नहीं, स्वार्थमूलक होता है। वे बच्चे के नहीं अपने भविष्य की चिन्ता करने लगते हैं। उन्हें डर यह होता है कि कहीं उन्हें ही बच्चों का भार जन्म-भर न उठाना पड़े। अथवा यह भी कि जब वे अशक्त हो जाएंगे तो बच्चे उनका भार उठा सकेंगे या नहीं। वे अपने बच्चों से पहले ही आशाएं करने लगते हैं। पहले से ही बच्चों के दिल में अपने मनोरथ भरने शुरू कर देते हैं और साथ ही यह भय भी कि बच्चे उन मनोरथों को शायद पूरा न कर सकें।

बच्चे के मन पर माँ-बाप के स्वार्थपूर्ण मनोरथों का यह अस्वाभाविक भय बच्चों के कोमल मन को आशंकित और भयभीत कर देता है। स्वभाव से बच्चे का मन सदा उल्लसित रहता है। उसे स्वतंत्र विकास का अवसर दिया जाए तो वह बहुत कम भयभीत होगा। भय, शोक व चिन्ता उसे छुएंगे तक नहीं। किन्तु माँ-बाप उन्हें अछूता नहीं रहने देते। उनमें अपने भय का ज़हर भर देते हैं। गुलाब की कली की तरह खिलनेवाला बालहृदय पूरी तरह खिलने से पहले कुम्हलाने लगता है। वह भी भविष्य की आशंकाओं से हर समय काँपने लगता है।

भय से मनुष्य दुश्चिंताओं का पुतला बन जाता है–यह भय बड़ी-बड़ी बातों के लिए नहीं होता। हमें गाड़ी पर चढ़ना है, चढ़ने से एक क्षण पहले तक हमें यह भय लगा रहेगा कि शायद हमें गाड़ी नहीं मिलेगी। गाड़ी आने से पहले ही हमारा दिल आशंका से धड़कने लगता है। प्लेटफार्म पर खड़े सब मुसाफिर हमें अपने प्रतिद्वंद्वी लगने लगते हैं। मन में आता है कि इन सबको कुचलती हुई गाड़ी गुज़र जाए और हम अकेले ही गाड़ी पर चढ़ने के उम्मीदवार रह जाएं। यह भय ही मनुष्य को मनुष्य का शत्रु बनाता है। भयशील व्यक्ति को अपने भय का विशेष कारण मालूम नहीं होता, फिर भी वह हर मौके पर अपनी असफलताओं के भय से काँपता ही रहता है; वह दुश्चिन्ताओं का पुतला बन जाता है।

भय की स्वाभाविक प्रवृत्ति का अन्य स्वाभाविक प्रवृत्तियों के साथ समन्वय न करने से ही यह अनर्थ होता है। वह प्रवृत्ति दैत्य की तरह फैलती और बढ़ती जाती है। उसकी छाया हमारे मन और हमारी आत्मा की अन्य सब प्रवृत्तियों को निर्बल बना देती है। हमारी नस-नस में भय का संचार हो जाता है। हमारी बुद्धि भी भय की प्रवृत्ति से पीड़ित होकर, भले-बुरे, कर्तव्य-अकर्तव्य का विवेक छोड़ देती है। हम किसी भी संबंध में कुछ निश्चय नहीं कर पाते।

मनुष्य में अनिश्चयात्मकता क्यों आती है? हम किसी निश्चय पर पहुंचने से क्यों कतराते हैं? इसलिए कि हमें डर होता है कि हम कहीं कोई ऐसा काम न कर बैठें जो दूसरों की आलोचना या उपहास का विषय बन जाए।

अनिश्चय-बुद्धि का क्षेत्र सीमित भी हो सकता है—इस अनिश्चय-बुद्धि का क्षेत्र सीमित भी हो सकता है। एक स्त्री को केवल यही अनिश्चय भी हो सकता है कि वह किसी दावत में जाने के लिए कौन-सी साड़ी पहने। जब तक कोई दूसरा आदमी उसे न सुझाए, वह अपने में डगमग-सी रहती है। उसे अपनी पसन्द पर भरोसा नहीं होता। और यह सच है कि वह आलोचना के भय से बचना चाहती है।

भय स्वतन्त्र निश्चय की प्रवृत्ति को नष्ट कर देता है—भय से बचने की यह भावना मनुष्य में इतनी प्रबल हो जाती है कि उसकी उन्नति असम्भव कर देती है। कुछ लोग केवल इसीलिए उतरदायित्वपूर्ण कामों में हाथ नहीं डालते कि वे उत्तरदायित्व के भय से बचना चाहते हैं। निरन्तर नौकरी करने के बाद कई आदमियों को स्वतन्त्र काम करने की सुविधाएं मिलने पर भी वे अपना काम शुरू नहीं करते। गुलामी करते-करते उनकी स्वतंत्र निश्चय करने की शक्ति मृतप्राय हो जाती है। अतः उन्हें कोई भी स्वतंत्र निश्चय करने में भय मालूम होता है।

ऐसे भीरू व्यक्ति को हम चरित्रवान नहीं कह सकते। निर्भयता चरित्र की पहली शर्त है। भय मनुष्य की प्रकृति में अवश्य है, किन्तु अत्यधिक भय एक मानसिक रोग है। ऐसे भयग्रस्त मनुष्य की मानसिक चिकित्सा होनी चाहिए। विज्ञान ने शारीरिक चिकित्सा की बहुत सुविधाएं पैदा कर दी हैं, किन्तु मानसिक चिकित्सा के लिए अभी बहुत कम अनुसंधान हुए हैं।

रचनात्मक भय कल्याणकारी हो सकता है—भय स्वयं कोई व्याधि नहीं है। भय की प्रवृत्ति मनुष्य के कल्याण के लिए होती है। प्रकृति के प्रकोप से भयभीत होकर ही मनुष्य ने अपनी सुरक्षा के लिए मकान बनाए, सर्दी के भय से बचने के लिए वस्त्रों का आविष्कार किया, भूख के भय ने उसे अन्न पैदा करने की प्रेरणा दी। रोग का भय मनुष्य को अत्यधिक भोग से बचाता है, बुढ़ापे की शारीरिक अक्षमता का भय उसे यौवन में परिश्रमी और मितव्ययी बनाता है, सामाजिक अपवाद का भय उसे नैतिक नियमों के पालन को विवश करता है। किन्तु यह भय तभी तक कल्याणकारी है जब तक वह मनुष्य को रचनात्मक कार्यों में प्रवृत्त

करता है, जब तक वह मर्यादित रहता है और उस पर आत्मा का नियंत्रण रहता है। वस्तुतः वह प्रवृत्ति हमारी रचनाओं का प्रत्यक्ष कारण नहीं बनती बल्कि हमारा आत्मसंयम ही रचनात्मक होता है।

मनुष्य में कुछ प्रवृत्तियाँ रचनात्मक होती हैं, कुछ संरक्षात्मक। भय की प्रवृत्ति संरक्षात्मक प्रवृत्ति है। यह प्रवृत्ति हमें सावधान करती है, और हमारी रचनात्मक प्रवृत्ति को जागरित करती है। इस काम में यदि उसे सफलता न मिले, यदि हमारी रचनात्मक प्रवृत्तियां निष्क्रिय हो चुकी हों तो भय की प्रवृत्ति तीव्र हो जाती है। यह स्वयं सक्रिय होकर हमारी आत्मिक शक्तियों पर अधिकार कर लेती है। सभी प्रवृत्तियों के संबंध में यह सत्य चरितार्थ होता है। उनका रुख रचनात्मक कार्यों की ओर न किया जाए तो वे विनाशात्मक कार्यों में प्रवृत्त हो जाती हैं।

चरित्र का मूल मंत्र : संयम—चरित्र-निर्माण में संयम का स्थान सबसे महत्त्वपूर्ण है। यहां संयम से मेरा अभिप्राय अपनी प्रवृत्तियों को अपने वश में रखने से है। यही चरित्र का मूल मंत्र है। कुछ लोग यह तक कहते हैं कि वश में करने की अपेक्षा प्रवृत्तियों के प्रति उदासीनता का होना श्रेयस्कर है। विषयों के प्रति वैराग होने से स्वयं संयम हो जाएगा, हमें कष्ट नहीं देंगी, यह धारणा भ्रममूलक है।

प्रवृत्तियों को वश में नहीं करोगे तो वे तुम्हें वश में कर लेंगी—सच यह है कि प्रवृत्तियों को वश में नहीं करोगे तो वे तुम्हें वश में कर लेंगी। हमारे ग्रंथों में शरीर को रथ कहा है। सारथि आत्मा है। इंद्रियां घोड़े हैं। यदि सारथि आत्मा के वश में इंद्रियों की प्रवृत्तियां नहीं हैं तो इंद्रियों के घोड़े स्वयं जिधर चाहेंगे, रथ को ले जाएंगे। यह रथ ऐसा नहीं है जिसे हम संसार के किसी एकान्त कोने में खड़ा कर दें।

जीवन का अर्थ ही गति है, रथ को चलाना ही है। प्रश्न केवल यह है कि प्रवृत्तियां आपके इशारे पर चलती हैं या आप इनके इशारे के गुलाम हैं।

आप अपने मालिक हैं या नहीं—हर इंसान इस प्रश्न का उत्तर दे सकता है। ईमानदारी के साथ आप अपने दिल को टटोलें तो इसका जवाब आपको स्वयं मिल जाएगा। जीवन का प्रत्येक क्षण आपको इस

प्रश्न का उत्तर देता है। आप अपने मालिक हैं या नहीं—यह आप अच्छी तरह जानते हैं। आपकी प्रत्येक चेष्टा इस प्रश्न का उत्तर देती और इसी उत्तर पर आपका मानसिक आरोग्य निर्भर करता है या जीवन के प्रति आपके रुख का पता लगता है।

यदि अपने मालिक आप स्वयं हैं तो आप कभी अपने को दबे हुए, हीन-दीन अनुभव नहीं करेंगे। आपकी आँखें ईश्वर को छोड़कर किसी के सामने नीची नहीं होंगी। आपकी गर्दन बादशाह के आगे भी नहीं झुकेगी। आप स्वयं बादशाह होंगे। सारी दुनिया आपको अपनी सल्तनत मालूम होगी। आपके सब काम खुद संवरते जाएंगे। छोटे-मोटे झंझावात आपको डगमगा नहीं सकेंगे। आपके पैर पृथ्वी पर बड़ी मज़बूती से जमे रहेंगे और मन का संतुलन इतनी अच्छी तरह कायम रहेगा कि बड़े-से बड़े आंधी-तूफानों में से हंसते-खेलते आप निकल जाएंगे।

लेकिन, रथ के घोड़ों की लगाम हाथ से छूटते ही आपकी दशा बदल जाएगी। आँखों की रोशनी जाती रहेगी, होंठों की हँसी और मन की प्रफुल्लता कुम्हला जाएगी। हवा का छोटा-सा झोंका भी आपकी जड़ों को कंपा देगा। मन पर पहाड़ का बोझ पड़ जाएगा। जीवन के सब काम अर्थशून्य हो जाएंगे। पहले दुःख में भी हँसना सूझता था, अब सुख की चिंगारी भी चित्त के बुझे हुए दीपक को जगमग नहीं कर सकेगी।

3

असंयम से मानसिक अस्वास्थ्य

मझधार में तिनकों का सहारा—हमारे बीच हज़ारों ऐसे हैं जिनका मन इस मानसिक गुलामी की आग से राख हो चुका है। वैसे उनके पास सब कुछ है—दौलत है, इज़्ज़त है, समाज में ऊँचा दर्जा है, रहने को सजे हुए प्रासाद हैं, बैंक में अनगिनत धन है। वे भी चाहते हैं कि हम सुखी हों। किन्तु बहुत कोशिश करने पर भी उनके हाथ सुख क्या, सुख की परछाईं भी नहीं आती।

सुख की इच्छा से वे कभी किसी वस्तु का अवलम्बन लेते हैं, कभी किसी का। जैसे मझधार में डूबता हुआ आदमी तिनकों का सहारा लेता है, लेकिन तिनके तो उसे पार नहीं लगा सकते। वे उसे और भी थका देते हैं, निराश कर देते हैं।

असंयमित जीवन : विचित्र भूलभुलैया–मनुष्य की बुद्धि एक बार रास्ता भूल जाए तो अनेक रास्तों पर भटकती है। एक बार हमारी विवेक-बुद्धि गलत रास्ते पर चल पड़े तो हम विचित्र भूलभुलैया में पड़ जाते हैं। एक बार का बुद्धि-विभ्रम सारे जीवन को भंवर में डाल देता है। हमारी अनुभूतियां, हमारी भावनाएं और सम्पूर्ण मानसिक प्रगतियां उल्टे रास्ते पर चलना शुरू कर देती हैं। जीवन का रुख ही बदल जाता है। हम बीमार हो जाते हैं। शरीर से स्वस्थ प्रतीत होते हुए भी हमारा मानसिक स्वास्थ्य चिन्ताजनक स्थिति पर पहुँच जाता है।

मन के साथ शरीर भी रोगी–मन के साथ शरीर भी निर्बल होना शुरू हो जाता है। मेरा एक मित्र इसी मानसिक व्याधि में पड़ गया था। उसे यह डर पैदा हो गया था कि उसकी पत्नी उसे छोड़कर चली जाएगी। उसकी शादी हुए अभी केवल एक वर्ष बीता था। इस एक वर्ष में उसकी पत्नी ने हज़ारों रुपए बर्बाद कर दिए थे। उस बर्बादी की उतनी चिंता मेरे मित्र को नहीं थी जितनी पत्नी के भाग जाने की थी। इसका कारण उसका पत्नी-प्रेम नहीं था। वह तो उसी दिन काफूर हो गया था जिस दिन उसने अपनी पत्नी को एक अन्य धनी नौजवान दोस्त के साथ प्रणय-लीला करते देखा था। उसकी चिन्ता का कारण वह प्रणय-लीला भी नहीं थी। उसका कारण लोक-चर्चा का वह भय था जो पत्नी के भाग जाने पर होनी थी। समाज का एक बहुत बड़ा भाग इसी भय से पीड़ित है। लोक-चर्चा का भय उन्हें कभी सुखी नहीं होने देता। साधारणतया बहुत समझदार और शान्त प्रकृति के होते हुए भी वह मित्र इस भय पर काबू नहीं पा सका। जब वह इस भय को वश में नहीं कर सका तो उस भय ने उसे अपने वश में कर लिया। कुछ दिन बाद जब मैं उससे मिला, तो वह निर्बल था। चेहरे पर पीलापन छा गया था। आंखें

अन्दर धंस गई थीं। हाथ कांपते थे। मैंने गिलास भरकर उसे पानी दिया तो उसने कहा, "आधा गिलास दो, यह भारी है, मुझसे उठेगा नहीं।" कुछ दिन पहले ही उसने मुझे टेनिस में हराया था और तैराकी में मात दी थी। आज सचमुच वह पूरा भरा गिलास उठाने में असमर्थ था। मुझे उसकी अवस्था पर बड़ा आश्चर्य हुआ। वह काफी समझदार था। किन्तु उसकी प्रवृत्तियां उसके वश में नहीं थीं। वह उन्हें पूरी तरह संयत नहीं कर सका था।

मैंने उसे अपने पर काबू पाने की सलाह दी। किन्तु सलाह देने से ही तो संयम की प्रेरणा नहीं दी जा सकती। वह कहने लगा, "मैं अच्छा होना नहीं चाहता।"

इस मानसिक अवस्था के रोगी का उपचार इसीलिए बहुत कठिन हो जाता है कि वह स्वस्थ होने की इच्छा ही छोड़ देता है। उसका अर्द्धचेतन मन उसे अस्वस्थ रहकर लोक-चर्चा से कुछ देर के लिए छुटकारा पाने और मित्रों की सहानुभूति पाने का लालच देता रहता है। अस्वस्थ मन के साथ स्वस्थ शरीर का सामंजस्य भी नहीं है। स्वस्थ शरीर के साथ उसके व्यक्तित्व का जो पुष्ट रूप सामने आता है वह वस्तुतः मानसिक रोग से इतना खोखला हो चुका होता है कि वह अपने संभावित रूप से झूठे गौरव का भार वहन नहीं कर सकता।

शारीरिक रोग का निदान मानसिक दुःख–इस अवस्था में उसका शरीर अनेक स्नायु-सम्बन्धी विषम रोगों का घर बन जाता है। बाह्य रूप से उसके शरीर में किसी रोग के लक्षण अभिव्यक्त नहीं होते। उसके रोग का निदान केवल मानसिक दुःख होता है। वह अपनी समस्या का समाधान नहीं कर पाता। उसकी रुग्णता केवल अपनी व दूसरों की दृष्टि में अपनी स्थिति को तर्कसम्मत सिद्ध करने का बहाना मात्र होती है। वस्तुतः उसकी इच्छा प्रेम और सहानुभूति प्राप्त करने की होती है। जब ये उसे नहीं मिलते तो उसका अचेतन मन उसे इनकी प्राप्ति के उपाय सुझा देता है।

ऐसे मानसिक रोग से पीड़ित व्यक्ति का रोग इस कारण भी दुःसाध्य

हो जाता है कि यद्यपि उसका मन निरोग होने को उत्सुक होता है, किन्तु उसकी मनःस्थिति ऐसी बन जाती है कि वह अपने मर्ज़ को लाइलाज समझने लगता है।

निराशा में आनन्द–ऐसे बीमार के इलाज में एक कठिनाई और भी पेश आती है। प्रायः यह होता है कि ऐसा दुर्बल चरित्र व्यक्ति अपनी निराशाजनक स्थिति में ही विकृत आनन्द की तृप्ति अनुभव करना शुरु कर देता है और दूसरों से विशिष्ट होने की विडम्बना से भी मन झूठी तृप्ति का आनन्द लेता है।

अपने ही वृत्त में केन्द्रित व्यक्ति : एक समस्या–ऐसा बीमार आदमी हद दर्जे का खुदगर्ज़ बन जाता है। वह स्वनिर्मित कल्पना संसार में रहने के कारण अपने ही वृत्त में केन्द्रित हो जाता है। उसे अकेलापन ही प्रिय होता है। एक एकान्तनिष्ठा उसके मन में अहंकार को जन्म दे देती है। वह न केवल दुनिया से दूर रहना चाहता है बल्कि अपनी सभी सामाजिक वृत्तियों को नष्ट कर देता है।

सच तो यह है कि ऐसा रोगग्रस्त निर्बल व्यक्ति अपने लिए और सारे समाज के लिए अनिष्टकर बन जाता है। उसकी बीमारी का मूल कारण एक ही है– असंयम। वह दुनिया पर हुकूमत करने के स्वप्न लेता है, किन्तु अपनी ही वृत्तियों से पराजित हो जाता है। उसका रोग और वह स्वयं दोनों दूसरों के लिए टेढ़ी समस्या बन जाते हैं।

उपचार के चार साधन–मेरा यह विश्वास है कि उनकी समस्या कितनी ही जटिल हो, उनकी मानसिक निर्बलता का कोई भी रूप हो, हम उसका उपाय कर सकते हैं। उसका उपचार हो सकता। किंतु उपचार की सफलता चार शर्तों पर निर्भर करती है :

पहली यह कि उसके मन में मानसिक स्वास्थ्य-लाभ करने की दृढ़ इच्छा शक्ति हो और वह अपने स्वस्थ होने में विश्वास रखता हुआ चिकित्सक के प्रयोग में सहयोग दे।

दूसरी यह कि वह अपनी दुश्चिन्ता का मूल कारण जानने का प्रयत्न ठंडे दिल से पूरी ईमानदारी के साथ करे। अपने को धोखा न दे।

तीसरी यह कि वह फिर स्वावलम्बी बनकर सम्मानपूर्ण जीवन बिताने का इरादा रखता हो।

चौथी बात यह है कि उसके सामने कोई लक्ष्य हो।

दृढ़ इच्छाशक्ति ही आत्मशक्ति है—पहली शर्त तब पूरी होगी यदि उसकी इच्छाशक्ति में बल होगा। उसे स्मरण रखना चाहिए कि उसकी प्रवृत्तियां बड़ी बलवती हैं।[1] मन बड़ा चंचल और हठी है। वह समय और स्थान की दूरी को भी कुछ नहीं मानता। जब हम सो जाते हैं तो भी वह स्वप्न की दुनिया में निर्बाध विचरता है। ऐसी बलवती प्रवृत्तियों पर शासन करने के लिए कई गुना ज़्यादा बलशाली और दृढ़ इच्छा शक्ति की आवश्यकता है। यह काम हमारी बुद्धि से नहीं हो सकता। तर्क हमें वह बल नहीं देता जो प्रवृत्तियों पर विजय पा सके। प्रवृत्तियां बुद्धि की प्रेरणा को नहीं, भावना की प्रेरणा को ही अधिक प्रामाणिक समझती हैं। तर्क द्वारा प्रवृत्तियों को वश में करना उसी तरह है जैसे कपड़े की चादर से समुद्र की लहरों को बांधना अथवा किसी दार्शनिक का युक्ति द्वारा किसी डाकू को चोरी से रोकना। तभी बहुश्रुत विद्वान् तार्किकों का चरित्रवान् होना आवश्यक नहीं है। चरित्र-बल तर्क-बल से ऊपर है। ज्ञानी से संयतात्मा बड़ा होता है।[2] तपस्या का स्थान ज्ञान से ऊँचा है। चरित्र-बल आत्म-बल है। बुद्धि से आत्मा गरीयसी होती है। दृढ़ इच्छा शक्ति आत्मबल का ही दूसरा नाम है। संयम से प्रवृत्तियों पर विजय पाने के इच्छुक व्यक्ति के लिए यह भी आवश्यक है कि उसमें केवल इच्छाशक्ति की दृढ़ता ही न हो, बल्कि सबल होने का विश्वास भी पूरा हो।

आत्म-विश्वास जीवन-युद्ध का अजेय अस्त्र—आत्म-विश्वास संयम की अनिवार्य शर्त है। जिसका अपने पर से ही विश्वास उठ चुका हो, वह प्रवृत्तियों से कैसे लड़ेगा! जीवन का युद्ध प्रतिक्षण चलता रहता है। मनुष्य का मन एक युद्ध-क्षेत्र है। यहाँ परस्पर विरोधी प्रवृत्तियों का संघर्ष हर समय चलता रहता है। एक समय की पराजय का अर्थ सदैव की

---

1. इन्द्रियाणि प्रमाथीनि हरन्ति प्रसमं मनः।—गीता
2. श्रद्धावान् लभते ज्ञानं तत्परः संयतेन्द्रियः।—गीता

पराजय नहीं हो सकता; क्योंकि दोनों प्रवृत्तियां मनुष्य के मन की ही दो विभिन्न प्रकार की प्रवृत्तियां हैं। मैं यह नहीं मानता कि हम उन प्रवृत्तियों को दैवीय या आसुरी, दो भिन्न श्रेणी के विभागों में बांट सकते हैं। उनमें न कोई आसुरी है, न कोई दैवीय। दोनों ही मानुषी प्रवृत्तियां हैं। अपनी प्राकृत अवस्था में दोनों ही प्रकार की प्रवृत्तियां कल्याणकारी होती हैं। उनकी समुचित व्यवस्था हो तो दोनों समान रूप से हितकर हैं। दोष हमारी व्यवस्था का है। निर्बलता हमारी अपनी है, जो अपना सारथिपन छोड़कर इन्द्रिय-रूपी घोड़ों को मनमानी राह जाने की छुट्टी दे देती है।

आत्म-विश्वास के बिना आत्म-संयम असंभव है। आत्म-विश्वास-रहित व्यक्ति निर्भय नहीं बन सकता। संयम की सफलता के लिए सफलता पर विश्वास होना आवश्यक है, नहीं तो वह प्रयत्न ही नहीं करेगा, मझधार में ही थककर प्राण दे देगा। विश्वास के लिए श्रद्धा भी अपेक्षित है। अपने से महान् शक्ति पर विश्वास को ही श्रद्धा कहते हैं। श्रद्धानिष्ठ होना संयम में सहायक होता है।

हार में जीत–पराजय के क्षणों ने ही संसार में बड़े-बड़े विजेता और महान् पुरुष बनाए हैं। पराजय के क्षण प्रत्येक जीवन में आते हैं। असफलता से प्रत्येक मनुष्य की भेंट होती है। किन्तु पराजय और असफलता को प्रत्येक मनुष्य अपनी दृष्टि से देखता है। कुछ लोग पहली हार से ही निढाल होकर सदा के लिए बैठ जाते हैं, असफलता की पहली झपट में ही वे निश्चेष्टता के शिकार हो जाते हैं। दैव ही विपरीत है, सारा ज़माना दुश्मन है, हम कमज़ोर हैं, क्या करें, आदि बहाने उन्हें भविष्य के लिए नपुंसक बना देते हैं। दूसरे कुछ लोग ऐसे हैं, जो पहली हार से सबक सीखकर दूसरी मुहिम की तैयारी शुरू कर देते हैं। दूसरी हार भी उन्हें नया सबक देती है। हर हार के बाद उनका मन नये अनुभव पाने की खुशी में नाच उठता है। प्रत्येक पराजय उन्हें उनकी कठिनाइयों का नया ज्ञान देती है, और कठिनाइयों को हल करने की नई सूझ सुझाती है। हारकर जब वे फिर उठते हैं तो उन्हें यह संतोष होता है कि 'चलो, एक पड़ाव और तय हो गया, अब मंज़िल साफ नज़र आने लगी है।'

असफलता को जीवन की एक साधारण-सी घटना ही समझना चाहिए। ठोकर खाकर मनुष्य को यह देखना चाहिए कि ठोकर उसने क्यों खाई। वह सही रास्ते पर ही जा रहा था, या रास्ता भूलकर किसी और दिशा में चल पड़ा था। ऐसी अवस्था में वह ठोकर उसे सावधान करने के लिए आती है। वह उसे कहती है, "अभी बहुत दूर नहीं आए हो, यह रास्ता तुम्हारा रास्ता नहीं है, अब भी लौट जाओ।" यदि वह अपने रास्ते पर जा रहा है तो उसे सोचना चाहिए कि उसने रास्ते का पत्थर पहले क्यों नहीं उठा दिया। रास्ते पर चलते हुए उसका ध्यान कहीं और तो नहीं था। उसका मन अपने निर्धारित आदर्शों से भटक तो नहीं गया था? कहीं उसकी एकलक्षता पथभ्रष्ट तो नहीं हो गई? उसका ध्यान आवश्यक चीज़ों पर, अनुपयोगी मनोरंजनों में विभक्त तो नहीं हो गया। जीवन के लक्ष्य को मनुष्य नितांत तन्मय होकर ही बेध सकता है। आधे दिल से छोड़ा हुआ तीर निशाने पर नहीं लगता। अनमने भाव से चलनेवाला राही ठोकर पर ठोकर खाता है। अव्यवस्थित चित्त से चलता हुआ पथिक ही पराजय की ठोकरें खाता है। ठोकर खाने के बाद उसे फिर से तन्मय होकर निशाना वेधने की तैयारी करनी चाहिए। पराजय व असफलता की घड़ियों से हम प्रेरणा और उत्साह ग्रहण करना सीखें तो सफलता हमारी सहचरी बन जाए।

असफलता में सफलता की प्रेरणा–बच्चे के हाथ में खिलौना देकर यदि आप उससे छीन लें और बार-बार देने का अभिनय करते हुए भी उसे न दें तो बच्चा उसे पाने की पूरी शक्ति लगा देगा। वह हार नहीं मानेगा। हर बार हाथ में आई चीज़ के फिसल जाने के बाद उसे पकड़ने का संकल्प उसके मन में दृढ़ से दृढ़तर होता जाएगा। 'अबके ज़रूर पकड़ लूँगा–अबकी बार–अगली बार–अच्छा, इस बार मजाल है हाथ से निकल जाए!' यह भावना उसके मन में पक्की होती जाती है। कारण यह कि बच्चे का मन स्वस्थ है। उसमें घुन नहीं लगा। उसकी नसों में नया खून चलता है। निराशा के रोग से वह प्रताड़ित नहीं हुआ। मनुष्य का मन भी यदि अनावश्यक की आंधी से बढ़ता ही जाएगा। असफल होकर सफलता पाने का जोश ज्वार-भाटे की तरह बढ़ता ही जाएगा।

भगवान् कहता है, "हे मनुष्य! उत्कर्ष के मार्ग पर चढ़ना ही तेरे जीवन का नियम है, नीचे गिरना नहीं। उत्कृष्ट जीवन बिताने के लिए मैंने तुझे अनेक शक्तियों से समर्थ किया।"[1]

जीवन के अन्तिम वर्ष नोआखली का दौरा करते हुए गांधीजी ने लिखा था, "यह सच है कि दिन से पहले रात का अंधेरा होता है, किन्तु मैं अभी तक अंधेरे में हूँ। मैं सत्य और अहिंसा की परीक्षा में और उनके प्रयोग में अभी तक सफलता नहीं पा सका हूँ। इसी कारण मैं अभी तक अंधेरे की बात करता हूँ।"

गांधीजी जैसे लोग भी अपने जीवन को असफल कह गए हैं। सफलता का अभिमान तो कोई कर ही नहीं सकता। सफल वही है जो असफलता पाने की नई प्रेरणा देखता है। विजय वही होता है जो हर हार में जीत की झलक देखता है, जो रात के तारों में सूरज की स्वागत-ध्वनि सुनता है।

ठंडे मन से अपने-अपने आवेशों का मूल कारण खोजिए–दूसरी शर्त भी बड़ी आवश्यक है। हम शरीर की अस्वस्थता के रोग-विश्लेषण के लिए बड़े-बड़े चिकित्सकों के पास जाते हैं, हज़ारों रुपये खर्च करते हैं, किन्तु मन की अस्वस्थता का मूल कारण जानने के लिए कुछ नहीं करते। यहाँ तक कि स्वयं भी अपनी मानसिक अस्वस्थता का निदान ढूंढने का यत्न नहीं करते। हम स्वयं भावनाओं की आंधी में बह जाते हैं। अपनी वासना को हम इतना अतिरंजित रूप दे देते हैं कि तिल का ताड़ बन जाता है। बुद्धि द्वारा विश्लेषण करके देखें, ठंडे दिमाग से अपने आवेशों का मूल कारण खोजें तो हम स्वयं आश्चर्य में पड़ जाएं। अंग्रेज़ कवि ने बड़ा अच्छा कहा है :

"जीवन के विशाल समुद्र में हमारी नौकाएं चल रही हैं; जब वासनाएं आंधी बनकर आती हैं तो बुद्धि के मस्तूल हमारी नौका को लक्ष्य की ओर ले जाते हैं।"[2] वासना प्रायः आंधी बनकर ही आती है। यह सदा अपने असली स्वरूप से अधिक बड़ी और रंगीन बनकर आती है। वह

---

1. उद्यानं ते पुरुष नावयानं जीवातूं त दक्षतातिं कृणोमि।
2. On life's vast ocean diversely we sail,
   Reason is the cord but passion is the gale.

रंग सच्चा नहीं होता। पाप स्वयं रंगीन नहीं होता, हमारी वासना उसे रंगीन बना देती है। जैसे डूबता हुआ सांझ का सूरज आकाश पर छितरी हुई बादल की धुंधली-धुंधली टुकड़ियों को तरह-तरह के रंग में रंग देता है, उसी तरह हमारी वासना संसारी वस्तुओं को तरह-तरह के रंगों में रंग देती है। तभी कहते हैं कि 'उसे कोई मेरी आंख से देखे।' पोप ने कहा था :

"छूतग्रस्त व्यक्ति को सभी छूतग्रस्त नज़र आते हैं। पीलिये के मरीज़ को सब कुछ पीला ही दिखाई देता है।"[1]

दृश्य वस्तु का सौंदर्य देखने वाले की आँख में ही होता है। उसी की भावना उसे सुन्दर बनाती है। दूसरों के लिए वही वस्तु बहुत सामान्य होती है। हम जब वासना की आंधी में बह रहे हों तब हमें कोशिश करके एक तटस्थ व्यक्ति की तरह वस्तुस्थिति को देखने का प्रयत्न करना चाहिए। वासना का ज्वर उतरते ही हम देखेंगे कि जिस वस्तु की ओर हम खिंचे जा रहे थे वह बहुत मामूली है। काम-ज्वर उतरने पर बड़े से बड़े कामी को भी अपनी मूर्खता पर पश्चात्ताप होता है। इस पश्चात्ताप से बचने का उपाय यही है कि हम प्रवृत्तियों के प्रवाह में बहने से पहले ही तटस्थता की मनोवृत्ति धारण करने का अभ्यास करें। दुःख यही है कि हम ऐसा नहीं करते। इसके अलावा हम अपने ज्वर का निदान ढूँढते समय अपने चिकित्सक को ही नहीं, स्वयं अपने को भी धोखा देते हैं।

कला की आड़ में कामदेव की पूजा–अपनी साधारण काम-प्रवृत्ति को आत्मिक मिलन का नाम देकर हम न केवल दुनिया को ठगते हैं, अपने को भी ठगते हैं, मैं ऐसे अनेक मित्रों को जानता हूँ जो किसी कठिन आदर्श-पूर्ति के पर्दे में अपने काम ज्वर को शांत करते हैं। कला के नाम पर मन की वासना को तृप्त करना कलाकारों का प्रकृतिसिद्ध अधिकार बन गया है। प्रेयसी के नख-शिख वर्णन को साहित्य कहकर साहित्य-मन्दिर के पुजारी बनना अधिकांश साहित्यिकों ने सीख लिया है। काम-चेष्टाओं को तालबद्ध भाव-भंगिमाओं द्वारा प्रकट करके उस

1. All seems infected to teh infected spy,
All looks yellow to the jaundiced eye.

नृत्य कला को उपासना का नाम दे दिया जाता है। संगीत भी निरोधित कामवृत्तियों को स्वर-ताल में बाँधकर प्रकट करने की एक कला बन गई है। मैं काम-प्रवृत्ति या उसके प्रकाशन के इन विविध माध्यमों को बुरा नहीं समझता मनुष्य की अन्य स्वाभाविक प्रवृत्तियों की तरह यह भी स्वाभाविक प्रवृत्ति है। इस प्रवृत्ति का कला-रूप में प्रकाशन भी बुरा नहीं है, क्योंकि कला में वह स्वयं संयत हो जाती है। बुरा यह है कि हम सच्चाई को स्वीकार न करें और अपने को धोखा दें। धोखा देने का नतीजा यह होता है कि हम उसमें अतिशय प्रवृत्त हो जाते हैं। काम वासना को वासना मानकर उसका संयम करना आसान है। किन्तु उसे साहित्य और कला की मूर्तियों में अवतरित करके उसकी उपासना से मुक्ति पाना कठिन है। तब हम यह अनुभव करते हैं कि इस कला रूप में वासनारत रहने की हमें छूट मिल गई है। जो साहित्यकार या कलाकार अपनी वृत्तियों के वश में होकर अपनी रचना-शक्ति को वासना-प्रधान कृतियों में खर्च कर देता है, वह न केवल अपना शत्रु है, बल्कि समाज का भी शत्रु है। उसका ज़हर कला के रूप में मीठा बनकर सारे समाज को अपनी ओर खींचता है। ऐसा कलाकार सम्पूर्ण समाज के चरित्र को विषाक्त बनाता है।

आत्मवंचना संयम के मार्ग की रुकावट–इस सामाजिक प्रवंचना के अतिरिक्त वैयक्तिक प्रवंचना भी कम नहीं है। मेरे एक मित्र ने मुझे चिट्ठी में लिखा कि 'मैं अपने तीन भाइयों में और अनेक साथियों में रहता हुआ भी बड़ा अकेलापन अनुभव करता हूँ। मैं चाहता हूँ, मेरी कोई बहिन होती। अपने साथियों में मुझे कोई दिलचस्पी नहीं रही है। क्या मेरी इच्छा अस्वाभाविक या असाधारण है?' मैंने उसे जवाब दिया कि 'तुम्हारी इच्छा में कुछ भी असाधारण नहीं है। तुम अब 22-23 वर्ष के हो, इस उम्र में किसी लड़की का साहचर्य चाहना बहुत स्वाभाविक इच्छा है। किन्तु तुम अपने को धोखा दे रहे हो; तुम्हें बहिन नहीं, पत्नी की आवश्यकता है। शादी किए बिना तुम्हारी बेचैनी दूर न होगी।'

मेरी एक मित्र लड़की को घुंघराले बालों से सख़्त नफरत थी। होटल में चाय पीते समय एक घुंघराले वालों वाला नौजवान हमारे पासवाली

मेज़ पर आ बैठा। वह लड़की उसे देखकर इतनी विक्षिप्त हो गई कि बिना चाय पिए वहाँ से उठना पड़ा। पूछने पर वह अपनी घृणा का कोई स्पष्ट कारण न समझा सकी, किन्तु बाद में मालूम हुआ कि दो वर्ष पूर्व कश्मीर में उसका परिचय एक घुंघराले बालों वाले नौजवान से हुआ था। वह लड़का बहुत सुन्दर व सज्जन था। दोनों में प्रेम हो गया था। किन्तु लड़के को अचानक कश्मीर छोड़कर जाना पड़ा। लड़की साल-भर उसके पत्र की प्रतीक्षा करती रही। उसके अचेतन मन में अब भी वह प्रतीक्षा दबी हुई है। प्रत्यक्ष रूप से वह उसके लिए उदासीनता ही प्रकट करती है। घुंघराले बालों से उसे तभी से चिढ़ है। वह कहती है, उसे इन बालों से घृणा है। किन्तु सच यह है कि वह अपने को धोखा दे रही है। इस घृणा पर वह तब तक संयम नहीं कर सकेगी जब तक वह प्रत्यक्ष व परोक्ष रूप से यह स्वीकार नहीं कर लेगी कि वस्तुतः घुंघराले बालों से उसे प्रगाढ़ प्रेम है, गहरी आसक्ति है। प्रेम की भावना ही अपनी अभिव्यक्ति न पाकर घृणा की भावना में बदल जाती है। इस परिवर्तन को जानते हुए भी हम अनजान-से बने रहते हैं। यह आत्मवंचना है। इस आत्मवंचना का सबसे बुरा नतीजा यह होता है कि हम उस प्रवृत्ति का संयम नहीं कर सकते। संयम के मार्ग में यह बाधा हमें सफल नहीं होने देती।

निरोधित भावनाएं विकृत होकर मनुष्य को धोखा देती हैं–भावनाओं का स्वरूप किस तरह विकृत होता रहता है और यह विकार हमें संयमित जीवन बिताने में कितनी बाधाएँ डालता है, इसका एक और नमूना मुझे याद आता है। मेरे एक मित्र ने मुझे यह लिखा कि 'मुझे यह स्वीकार करते हुए दुख होता है कि परस्त्रीगमन को पाप समझते हुए भी मैं वेश्यागामी हो गया हूँ। स्त्रियों के प्रति मेरा विशेष आकर्षण नहीं है, कुछ अरुचि ही है। भोग की इच्छा ने मुझे कभी नहीं सताया। फिर भी मुझमें यह व्यसन घर कर गया है। समझ में नहीं आता है कि किस तरह इससे छुटकारा पाऊं। तुम ही बताओ, यह कैसे हो सकता है?'

प्रेम के पर्दे में घृणा की चिनगारियां–मैं उस मित्र को लंबे समय से जानता हूँ। वह स्वभाव से व्यसनी या कामुक नहीं है। कुछ समय

तो मेरे लिए भी यह परिवर्तन आश्चर्य का विषय बना रहा, किन्तु उसके घरेलू जीवन से जानकारी होने के कारण मैं समझ गया कि रोग का निदान क्या है। बात यह थी कि उसकी स्त्री ज़रा अभिमानिनी थी। मेरे मित्र को उसका दबदबा मानना पड़ता। वह स्वयं अभिमानी था, दब्बू स्वभाव का नहीं था। किन्तु घर की शान्ति बनाए रखने के लिए वह स्त्री के आगे दब जाता था। स्त्री का शासन मान लेता था। उसकी स्त्री को संतोष हो जाता था कि वह घर पर राज्य कर रही है। किन्तु उसे यह नहीं मालूम था कि वस्तुतः वह पति के दिल में अपने लिए घृणा के बीज बो रही है। शासित और शासक में केवल घृणा का सम्बन्ध रह सकता है। धीरे-धीरे उसके पति के हृदय में अपनी स्त्री के लिए तीव्र घृणा भर गई। पत्नी के लिए ही नहीं—स्त्री मात्र के लिए। वह समझने लगा कि सभी स्त्रियां शासन करना चाहती हैं। उसका यह भ्रम तब दूर हुआ जब उसे मालूम हुआ कि एक स्थान ऐसा है जहाँ वह भी स्त्री पर शासन कर सकता है, पैसा देकर स्त्री को कुछ देर के लिए गुलाम बना सकता है। उसके हृदय में स्त्रियों के प्रति बदला लेने की जो भावना दबी हुई आग की तरह सुलग रही थी, वह भभक उठी। तभी से वह वेश्यागामी हो गया। वेश्या के पास वह प्रेमवश नहीं घृणावश जाता है। दुनिया समझती है, वह वेश्या से प्रेम करता है, किन्तु वस्तुतः यह घृणा की ही चरम सीमा है।

किन्तु यह बात वह स्वयं नहीं जानता। ईमानदारी से अपनी भावनाओं का विश्लेषण करे तो वह जान सकता है। लेकिन अब वह विकृत भावनाओं की आंधी में इतनी दूर बह गया है कि तटस्थ होकर सोचने की शक्ति ही खो बैठा है। वह अपने को धोखा दे रहा है। उसका प्रेम, उसकी घृणा, उसका सारा जीवन ही एक धोखा बन गया है। उसकी पत्नी भी धोखे में है। वह पति को शासन में रखकर घर की व्यवस्था करने में ही अपने कर्तव्यों की इतिश्री समझती है।

प्रत्येक प्रवृत्ति को अभिव्यक्ति का मार्ग मिलना चाहिए—अपने इस मित्र को मैंने यह सलाह दी कि वह अपने दबे हुए आत्मसम्मान को किसी रचनात्मक कार्य में लगा दे तो उसका जीवन सुधर जायेगा। प्रत्येक

प्रवृत्ति को अभिव्यक्ति का मार्ग मिलना चाहिए। यदि स्वाभाविक मार्ग नहीं मिलेगा तो वह अस्वाभाविक मार्गों में फूट निकलेगी। किन्तु उसे स्वाभाविक मार्गों में लगाने से पहले उसे अपने को धोखा देने की कोशिश करनी होगी। संयम की यह एक अनिवार्य शर्त है।

4

आत्मनिरीक्षण द्वारा मानसिक रोगों का उपचार

अचेतन मन में छिपी भावनाएं ही हमारा पथ-प्रदर्शन करती हैं—मनुष्य को सदा अपने कार्यों की प्रेरक भावनाओं को परखते रहना चाहिए। तभी वह अपने को पहचान पाएगा। कठिनाई यह है कि ये मनोभावनाएं प्रायः स्पष्ट नहीं होतीं। हम ऐसे बहुत-से काम करते हैं जिनकी प्रेरणा का मूल कारण क्या है—यह हम स्वयं नहीं जानते। स्वस्थचित्त व्यक्ति को इन मूल कारणों की, जो अचेतन मन में छिपे रहकर हमारे चेतन मन को प्रभावित करते रहते हैं, छानबीन करते रहना उचित है। और यह भी उचित है कि उन्हें अचेतन और परोक्ष मन से निकालकर प्रत्यक्ष की दुनिया में लाया जाए। किसी भी सूरत में यह बर्दाश्त नहीं करना चाहिए कि वे शिखण्डी की तरह अचेतन मन में छिपकर हमें घायल करते रहें।

उचित तो यह सब है, किन्तु होता इसके विपरीत ही है। हमारा जीवन इन परोक्ष भावनाओं से भरा रहता है। थोड़े-से आत्मनिरीक्षण से हमें इस सच्चाई का अनुभव हो जाएगा। ऐसी अनेक घटनाएं हमें अपने जीवन में मिल जाएंगी जो इन परोक्ष भावनाओं के प्रभाव को सूचित कर देंगी।

हमारा स्वार्थ हमारे मनोभावों के सच्चे अध्ययन में बाधक है—किन्तु आत्मनिरीक्षण भी कठिन काम है। हमारी स्वार्थ-वृत्तियां हमें अपने मनोभावों का सच्चा अध्ययन नहीं करने देतीं। यदि हम एक व्यक्ति से किसी कारण स्नेह करते हैं तो उसकी एक भी बुराई हमारे सामने नहीं आती; और यदि एक से द्वेष करते हैं तो उसके गुण भी हमारे लिए दुर्गुण बन जाते हैं। यदि हमें कोई ताश में हरा दे तो हम कहते हैं—"उसके पत्ते

अच्छे थे''; और यदि हम हराएं तो यह हमारी बुद्धि का कौशल हो जाता है। कोई दूसरा धन कमा ले तो हम उसे बेईमानी व ठगी की कमाई घोषित करते हैं; और यदि हम स्वयं कमाएं तो वह हमारी व्यापारिक कुशलता हो जाती है।

जब हमारी मनोभावनाएं पक्षपात से भरी होती हैं–जब हम किसी अजनबी से मिलते हैं तो हम तुरन्त किसी जाने-पहचाने व्यक्ति से उसका सादृश्य ढूंढने लगते हैं और उसके प्रति वही मनोवस्था बना लेते हैं जो तत्सदृश व्यक्ति के प्रति पहले से बनी होती है। नतीजा यह होता कि मनुष्य की मनोभावना अनेक निष्कारण पक्षपातों से भर जाती है। एक व्यापारी को किसी ऐसे व्यक्ति ने ठगा था जिसके अगले दांत पर सोने का खोल चढ़ा था। अब वह सोना मढ़े दांतवाले किसी भी व्यक्ति से व्यापार-सम्बन्ध स्थापित नहीं करता। उसकी पहली नज़र आगन्तुक के दांतों पर जाती है।

मनोवस्था की विकृति का एक रूप और भी प्रच्छन्न होता है। हम एक बात के विपक्ष में केवल इसलिए हो जाते हैं कि हमारे किसी मित्र ने उसका विरोध किया था और दूसरी के पक्ष में इस कारण हो जाते हैं कि हमारे दुश्मन ने उसका विरोध किया था। सच तो यह है कि हमारे राग-विराग की प्रेरक भावनाओं को परखना बड़ा ही कठिन काम है। कोई भी माता अपनी पुत्रवधू में कोई गुण नहीं देखती। इस पक्षपात का कारण सारी दुनिया जानती है। फिर भी आश्चर्य यह है कि जो यह काम करता है वह उससे अनभिज्ञ रहता है। वह दूसरों की आलोचना कर लेगा, लेकिन स्वयं अपनी आंख का शहतीर नहीं देख सकेगा।

हमारी बाह्य चेष्टाएं मनोगत भावनाओं को धोखा देती हैं–खुद आदमी अपने से ही किस तरह ठगा जाता है, इसके अनेक उदाहरण हैं। उस समय उसकी बाह्य चेष्टाएं उसके मनोभावों के बिल्कुल विपरीत होने लगती हैं। उसकी भावना उसे रोने को मजबूर कर रही होगी लेकिन वह अट्टहास करता होगा। जब उसके दिल में अपनी स्त्री के लिए गहरी घृणा बसी होगी, तभी वह प्रेम के मधुर वाक्यों की वर्षा करेगा। मन में वह जला बैठा होगा, पर अपनी जलन को छिपाने के लिए असाधारण

मीठे शब्दों से स्वागत करेगा। मूर्ख व्यक्ति प्रायः वाचाल हो जाते हैं। मूर्खता छिपाने और अपने को चतुर बताने के लिए वे अनुचित रूप से अधिक बोलने लगते हैं। जब हमें अपनी वेशभूषा के सुंदर होने का पक्का निश्चय होता है तो हम चुप रहते हैं, उसकी सुन्दरता का विज्ञापन नहीं करते; किन्तु जब हमें सन्देह होता है तो हम हर किसी से उसकी सुन्दरता का वर्णन सुनना चाहते हैं।

हमारे अचेतन मन में छिपी हुई मनोभावनाएं ही प्रायः हम पर अधिक प्रभाव डालती हैं। इसलिए उनका संयम करना अधिक आवश्यक है। किन्तु यह काम जितना आवश्यक है उतना ही अधिक कठिन भी है। इस कठिनाई को आसान बनाने का पहला उपाय यही है कि हम उनको अचेतन मन की गुफाओं से निकालकर चेतन मन पर लाएं, उनके स्वरूप को पहचानें, उनके प्रभावों से परिचय पाएं। इसके लिए हमें अपना निष्पक्ष आलोचक बनना होगा।

संयम की तीसरी शर्त यह है कि हम अपनी प्रवृत्तियों से सदा पददलित रहने के स्थान पर स्वस्थ जीवन बिताने की अभिलाषा रखते हों।

मनुष्य के अधिकांश शारीरिक रोगों का मूल कारण मानसिक अस्वस्थता—स्वास्थ्य पर मन की संयत प्रवृत्तियों का प्रभाव अवश्य पड़ता है। साधारणतया उसे शारीरिक विकार समझकर केवल शारीरिक चिकित्सा की जाती है। मानसिक चिकित्सा का प्रचलन अभी हाल ही में हुआ है। मन के चिकित्सकों का कहना है कि मनुष्य के अधिकांश रोगों का मूल कारण ही मानसिक अस्वस्थता है। वस्तुतः मन और शरीर की वृत्तियां परस्पर इतनी गुंथी हुई हैं कि एक का दूसरे पर प्रभाव पड़ता ही है। उन्हें पृथक् नहीं कर सकते। शारीरिक चेष्टाओं का प्रभाव मन पर पड़ता है और मानसिक वृत्तियों का प्रभाव शरीर पर पड़ता है।

शारीरिक वृत्तियों का मनुष्य के मन पर जो प्रभाव पड़ता है वह अधिक अस्पष्ट नहीं है। आज का जीवन बहुत हलचल और दौड़-धूप का है। संघर्ष की मात्रा दिन-प्रतिदिन बढ़ती ही जाती है। धन कमाने और समाज में ऊंचे दर्जे के लोगों में गिने जाने की महत्त्वाकांक्षा ने सबको

पागल बना दिया है। ऐसे कार्यव्यग्र आदमी हर समय आंधी की तरह दौड़ते नज़र आते हैं। वे कभी विश्राम नहीं करते। दिन-भर दफ्तर या दुकान पर थकने के बाद जब वे घर आते हैं तो भी विश्राम के लिए नहीं ठहरते। कोई कमेटियों में जाता है, तो कोई सिनेमा घर या नाचघर में।

थकान हमारी रोगावरोधक शक्ति को नष्ट कर देती है—नतीजा यह होता है कि एक थकान-सी उनके शरीर के अवयवों में समा जाती है। दिल की धड़कन बढ़ जाती है, ऐसे समय भी यदि वे विश्राम न लें तो उनका मानसिक विराम हो जाता है। हमारे शरीर में गुर्दों के ऊपर दो ग्रंथियां रखी हुई हैं, जिन्हें 'ग्लैंड्स ऑफ फ्लाइट' कहा जाता है। जिसका काम ही शरीर को आनेवाले भय से सावधान करना है, किन्तु इन ग्रंथियों को भी यदि विश्राम न मिले, मनुष्य निरन्तर आंधी की तरह दौड़ता रहे, तो शारीरिक विकार के चिह्न और भी स्पष्ट हो जाते हैं। पाचन-क्रिया मन्द पड़ जाती है, नींद आनी ही बन्द हो जाती है, और मांसपेशियां ज़रा-से उत्तेजन पर उछलने को तैयार रहती हैं। उनकी अवरोधक शक्ति नष्ट हो जाती है। तब भी यदि मनुष्य काम करना न छोड़े, विश्राम न ले तो ग्रंथियां निर्जीव हो जाती हैं और त्वचा उस द्रव को बाहर निकालना बन्द कर देती है जो बाहर की बीमारियों के सम्पर्क में रोगग्रस्त होने से शरीर को बचाता है।

आवेशों का सूक्ष्म प्रभाव शरीर के अवयवों पर पड़ता है—प्रत्येक आवेश—अत्यधिक भय, घृणा, काम, क्रोध—अपनी छाया हमारे चेहरे और शरीर के अन्य अवयवों पर छोड़ जाता है। हमें उन सूक्ष्म प्रभावों का पता नहीं लगता। तभी हम यह समझते हैं कि हमारे आवेश बादल की तरह उमड़ते हैं; और कुछ देर हमारे हृदयाकाश में गरजकर चले जाते हैं। उन्हें मनमाना उड़ने देने में कोई हानि नहीं है। किन्तु दिल के आसमान में वासना के उमड़े हुए बादल तूफान बनकर किस तरह हमारे शरीर के प्राणद अवयवों को झंझोड़ डालते हैं और हमारी शारीरिक यन्त्रशाला के हर पुर्ज़े को अव्यवस्थित कर जाते हैं, इसका ज्ञान हमें तब तक नहीं होता जब तक हमारे शरीर की वासनाजन्य विकृतियां प्रत्यक्ष रूप में हमारे सामने न आ जाएं।

भय के कारण उन्निद्र रोग–भय की प्रतिक्रिया हमारे शरीर पर बड़ी अनिष्टकर होती है। यह हमारी अंतड़ियों और पेट की मांसपेशियों को अचेतन कर देता है। हृदय का कम्पन बढ़ जाता है। रक्त का दबाव अनियमित हो जाता है। शरीर में भय से मांसपेशियों का तनाव इतना अधिक हो जाता है कि नींद आने से कठिनाई होती है।

अमेरिका की कोलगेट यूनिवर्सिटी में कुछ निद्रा-सम्बन्धी प्रयोग किए गए थे। उन प्रयोगों से मालूम हुआ कि सोए मनुष्य का रक्त-दबाव बढ़ जाता है, यदि उसके पास से कोई भी चीज़ शोर मचाती हुई गुज़र जाए। मांसपेशियों का तनाव भी शोर से बढ़ता है। अचानक शोर से हमारे शरीर की प्रतिक्रिया वही होती है जो भय के आवेश से होती है। दोनों की प्रतिक्रिया बिलकुल समान होती है, दुश्चिन्ता की भी यही प्रतिक्रिया है।

इन शारीरिक प्रतिक्रियाओं का नियन्त्रण असम्भव है–कठिनाई यह है कि हम इस प्रतिक्रिया का विरोध नहीं कर सकते और इसका प्रत्यक्ष अनुभव भी नहीं कर सकते, क्योंकि रक्त का दबाव और मांसपेशियों या पेट के पाचक अवयवों का तनाव उन स्नायु-केन्द्रों के अधीन है जो 'स्पाइनल कौर्ड' (पृष्ठ के भीतर की नाड़ी) या मस्तिष्क के निचले भाग में हैं। हम प्रत्यक्ष या परोक्ष किसी भी रूप में इन प्रतिक्रियाओं का नियन्त्रण नहीं कर सकते।

यह काम हमारे मस्तिष्क के ही अधीन है। वह किसी भी आवेश को उपेक्षित कर देगा तो स्नायुकेन्द्र उसकी प्रतिक्रिया से बच जाएंगे।

चूहों पर यह परीक्षण करके देखा गया है कि जो चूहे शान्त वातावरण में रखे गए हैं, उनकी भूख अशान्त वातावरण में रखे गए चूहों की अपेक्षा अधिक होती है। उनका शारीरिक विकास भी अच्छा होता है। उनकी आयु भी लम्बी होती है।

भावनाओं का पाचन-तन्त्र पर प्रभाव–आवेशों की प्रतिक्रिया जब मांसपेशियों पर होती है तो भोजन के पुष्टिकर तत्त्व (ग्लाइकोजेन–शरीर-रचना में शक्कर उत्पन्न करनेवाला एक पदार्थ) का बड़ा भाग मांसपेशियों की क्षतिपूर्ति में ही चला जाता है, फिर भी क्षतिपूर्ति नहीं हो पाती। प्रत्येक आवेश हमारे अंग-अंग को थका देता है।

आवेशों का हमारी पाचन-क्रिया पर सीधा प्रभाव पड़ता है। उनसे आक्रान्त होकर हमारा पाचन-तन्त्र अपना काम बन्द कर देता है, पाचक द्रव, सैलाइवा आदि बनने स्थगित हो जाते हैं। भूख नहीं लगती, 'अजीर्ण' सताने लगता है। तब डॉक्टर लोग पूर्वपचित[1] भोजन की सिफारिश करते हैं। उसे मनुष्य आवश्यकता से अधिक खा जाता है। पाचकद्रवों का भोजन के साथ मिश्रण होना आवश्यक है। आवेशों के कारण जब द्रवों का बनना ही बन्द हो जाता है तो मिश्रण क्या होगा? ज़्यादा खा जाने से हमारी रक्त-वाहिनी नसों के मार्ग अवरुद्ध हो जाते हैं। नसों में शुद्ध रक्त नहीं जाता।

हम तुतलाते भी भय के आवेश से आक्रांत होकर ही हैं–अत्यधिक आवेशों के कुछ प्रभाव ऐसे हैं जो शरीर के भिन्न अंगों पर बहुत स्पष्ट हो जाते हैं। तुतलाना[2] और अटककर बोलना[3] भी आवेशों का परिणाम है। चिकित्सक लोग इन रोगों का शारीरिक निदान ढूंढते हैं, किन्तु अधिक प्रतिशत रोगियों का कारण प्रायः मानसिक ही होता है। जिस व्यक्ति के आवेश संतुलित और व्यवस्थित हैं, और जो हीन भावना से पीड़ित नहीं है, वह कभी अटककर या तुतलाकर नहीं बोलेगा। तुतलाना कोई रोग नहीं है। यह केवल मानसिक अव्यवस्था है। जिन व्यक्तियों को अपने पर भरोसा नहीं होता, या जिन्हें अपने संगी-साथियों में हीनता का व्यवहार मिलता है, वे तुतलाने लगते हैं। आत्मविश्वास की भावना को जाग्रत करना ही इस बीमारी का सबसे अच्छा इलाज है।

किसी आवेश की अवस्था में शरीर की थकान बढ़ जाती है। मनोवैज्ञानिकों का कहना है कि जब आवेशों की आग में शरीर के पोषक तत्त्व जलते हैं तो शरीर उन पोषक तत्त्वों की क्षति अनुभव करता है। तभी हमें थकान अनुभव होती है। आवेशों पर संयम न करें तो यह थकान बढ़ते-बढ़ते शरीर को जीर्ण-शीर्ण कर डालती है। शरीर की

1. Pre-digested
2. Stammering
3. Stuttering

रोगावरोधक शक्ति क्षीण हो जाती है। क्षीण शक्तिवाले शरीर पर कोई भी रोग शीघ्र प्रभाव डाल लेता है।

कोई भी व्यक्ति रोगी शरीर के साथ जीना पसन्द नहीं करता। निरोग रहने के लिए आवेशों का संयम अनिवार्य शर्त है। असंयमी सदा रोगाक्रांत रहेगा। अतः स्वस्थ रहने की इच्छा भी मनुष्य को संयमी बना देती है।

संयम में सफलता पाने की चौथी शर्त यह है कि मनुष्य के सामने जीवन का, अपने अस्तित्व का या अपने कार्यों का प्रयोजन अवश्य स्पष्ट रूप से रहना चाहिए।

मानसिक विक्षेप से मृत्यु–मानसिक अवस्था के विकृत हो जाने से मनुष्य का मन ही नहीं, शरीर भी अस्वस्थ हो जाता है–यह बात मैं पहले कह चुका हूँ। यह अस्वास्थ्य इतना भयंकर हो सकता है कि मृत्यु भी हो जाती है। शरीरशास्त्रवेत्ता ऐसी मृत्युओं का ठीक रहस्य बतलाने में असमर्थ हैं, किन्तु इतनी सच्चाई को सब स्वीकार करते हैं।

युद्ध के समय बहुत-से योद्धा केवल गोली की आवाज़ से ही डर गए थे। गोली का उन्हें स्पर्श भी नहीं हुआ था। कुछ सैनिक थे, जिन्हें युद्ध की भीषण हत्याएं देखकर इतनी ग्लानि हुई थी कि वे और अधिक न देखने की प्रबल इच्छा के प्रभाव से ही अन्धे हो गये थे।

डॉक्टरों ने इस सच्चाई को मान लिया है कि आकस्मिक उद्वेग, शोक-भय आदि से मनुष्य की मृत्यु हो सकती है। पचास प्रतिशत आदमी शारीरिक ह्रास से नहीं, मानसिक ह्रास के कारण मरते हैं। कोलम्बस अपने अफसर द्वारा धोखा दिए जाने के बाद बीमार पड़कर जीवित नहीं रह सका। पराजय के आघात से सैकड़ों मौतें होती हैं। एक औरत ने एक वृक्ष का फल भूल से खा लिया। उसने यह समझा कि वह फल उस वृक्ष का है जिसके सम्बन्ध में यह किंवदन्ती मशहूर थी कि उसको खाकर मनुष्य जीवित नहीं रह सकता। वास्तव में वह फल एक साधारण वृक्ष का था। किन्तु अपने मिथ्या भय और अन्धविश्वास के प्रभाव से वह 16 घंटों के अन्दर ही मर गई। भूत-प्रेतों पर विश्वास रखनेवाले लोग अपने अन्धविश्वास से ही मर जाते हैं। अमेरिका के कुछ रेड इंडियनों में यह विश्वास है कि

खांसी और बुखार के साथ आनेवाली बीमारी मौत का पैगाम लेकर ही आती है। इसलिए वे खांसी-बुखार के आते ही मौत की तैयारी शुरू कर देते हैं। इसके बाद उन्हें जीवित रहने की इच्छा ही नहीं रहती।

5

लक्ष्य की साधना चरित्र-निर्माण में सहायक

लक्ष्य की प्रेरणा शक्ति–मनुष्य के व्यक्तित्व का निर्माण तभी होता है जब उसकी स्वाभाविक प्रवृत्तियां एक लक्ष्य को दृष्टि में रखकर व्यवस्थित की जाती है। एक पूर्णतया नैतिक आदर्श के नेतृत्व में जब हम अपनी इच्छाओं को नियमित करते हैं तभी चरित्र का निर्माण होता है। यह नियमन या संयम किसी न किसी लक्ष्य की साधना में ही संभव है। न केवल यह कि लक्ष्य के बिना संयम का कुछ अर्थ ही नहीं, बल्कि यह भी सच है कि संयम की प्रेरणा भी लक्ष्य-प्राप्ति की इच्छा बिना नहीं मिलती। मांझी को यदि नदी के किनारे पहुंचने की इच्छा न हो तो नौका को चलाने की प्रेरणा कौन देगा? जो लोग संसार की लहरों पर खेलना ही ज़िन्दगी समझते हैं वे कभी संयमित जीवन नहीं बिताते। दूसरे तट पर पहुंचने की इच्छावाले ही संयम से अपनी जीवन-नौका को एक निश्चित दिशा की ओर खेते हैं। अनेक नहरों द्वारा खेती को सींचने का लक्ष्य न हो तो नदी के बहते पानी को बांधने की आवश्यकता ही नहीं होती। केवल मनोरंजन के लिए कोई पानी को नहीं बांधता। यदि बांधे तो भी उस अवस्था में मनोरंजन का लक्ष्य होता ही है।

संभव है मनुष्य के लक्ष्य का नैतिक मूल्य बहुत थोड़ा हो। यह भी मुमकिन है कि वह बिलकुल स्वार्थपूर्ण और संकीर्ण हो। वह कैसा भी हो, नैतिक दृष्टि से वह भले ही निष्प्रयोजन और व्यर्थ हो, किन्तु हमारी स्वाभाविक प्रवृत्तियों के लिए उसका मनोवैज्ञानिक मूल्य तो बना ही रहेगा। यही लक्ष्य हमारी शक्तियों का, मन के संकल्पों और शरीर के प्रयत्नों का पथ-प्रदर्शन करेगा। यही लक्ष्य मनुष्यों के व्यक्तित्व को बनाता है।

लक्ष्य सदा स्पष्ट नहीं होता–लक्ष्य का जीवन में इतना महत्त्वपूर्ण स्थान होते हुए भी कभी कई मनुष्यों के सामने इसका स्वरूप स्पष्ट नहीं होता। मनुष्य के मानसिक द्वन्द्वों का एक कारण भी यही लक्ष्य की अस्पष्टता होता है। ऐसा लगता है मानो उसका कोई लक्ष्य ही न हो; मानो उसके जीवन का कोई प्रयोजन ही न हो। यह अनुभूति उसे सदा असन्तुष्ट बनाए रखती है। और असंतोष की यह प्रतीति ही इस बात का प्रमाण है कि इस हलचल के पीछे कोई न कोई लक्ष्य अवश्य है।

लक्ष्यहीन चेष्टा मनुष्यों को संयत नहीं बनने देती–यदि वह सुबह बिस्तर से उठकर दिन-भर आवारागर्दी में ही संतोष पा लेता है तो समझना चाहिए कि उसका लक्ष्य आवारागर्दी तक ही सीमित है। लक्ष्यप्राप्ति का संतोष ही मनुष्य को सुखी बनाता है। हम दुःखी तभी होते हैं जब हमारी प्रवृत्तियों की व्यवस्था सन्तोषप्रद रीति से न हो और सन्तोषप्रद व्यवस्था के लिए लक्ष्य की विद्यमानता आवश्यक शर्त है।

अपना लक्ष्य बनाना आसान होता यदि हमारी प्रवृत्तियां मिट्टी की तरह बेजान होतीं, और हम उसे अपने सांचे में ढालकर मनमाने खिलौने बना सकते। कठिनाई यही है कि हमारी प्रवृत्तियां इतनी सरल नहीं हैं। वे स्वयं भी अपने को किसी न किसी भावना के सांचे में ढालती रहती हैं और उन भावनाओं के अनुरूप अपना रास्ता आप चुनती रहती हैं।

दो विरोधी लक्ष्यों का सन्तुलन कैसे हो–ये भावनाएं भी परस्पर विरोधी होती हैं। मनुष्यों को यह चुनना कठिन हो जाता है कि वह किस समय किस भावना को अधिक मूल्य दे। उस समय मनुष्य अपने निर्धारित लक्ष्य के अनुकूल ही चुनाव करता है। अनेक बार ऐसा होता है कि मनुष्य दो भावनाओं को एक साथ मन में पालता रहता है। एक देश का युद्ध जब दूसरे देश से होता है तो हमारी देशभक्ति की भावना का गृह-प्रेम की भावना से विरोध हो जाता है। तब हम, देश की रक्षा में ही घर की सुरक्षा है, इस तर्क द्वारा अपनी प्रवृत्तियों की व्यवस्था करते हैं। उस समय हमारा देश-रक्षा का लक्ष्य प्रधान हो जाता है और यह व्यवस्था आदर्श व्यवस्था होती है। यदि इन भावनाओं का सामंजस्य

न हो सके और हम अपने लक्ष्य का चुनाव न कर सकें तो हमारी शक्तियां किसी भी कार्य में प्रवृत्त नहीं होंगी।

भावनाओं का निर्माण स्वयं प्रसुप्त चेतना द्वारा होता रहता है। हमें उसके लिए प्रयत्न नहीं करना पड़ता। इसलिए प्रायः यह कहना कठिन हो जाता है कि हमारे जीवन का प्रयोजन क्या है। कई प्रयोजन हमें अनुभव होते हैं—और हम उनमें से सबसे मुख्य प्रयोजन की ओर संकेत नहीं कर सकते।

परस्पर विरोधी प्रयोजनों में चुनाव—ये प्रयोजन यदि परस्पर विरोधी न हों तो हमारा यह अज्ञान कि कौन-सा प्रयोजन विशेष है या कौन-सा साधारण है, हमें कोई कष्ट नहीं देता। किन्तु यदि भावनाओं में विरोध हो जाए तो हमारा मानसिक सन्तुलन बिगड़ जाता है, मन में एक तनाव-सा बना रहता है और हम यह नहीं कह सकते कि हमें क्या हुआ है।

घरेलू वातावरण में पली हुई एक लड़की जब अचानक किसी युवक से मिलकर पुलकित हो उठती है तो उसकी दो भावनाओं में विप्लव-सा हो उठता है। रूढ़िप्रिय माता-पिता को सन्तुष्ट रखने की उसकी भावना उतनी ही प्रबल है जितनी प्रथम प्रेम के आनन्द की भावना है। इसी तरह का विरोध मनुष्य के मन में उसकी महत्त्वाकांक्षा की भावना और किसी नैतिक सिद्धांत की भावना में भी हो सकता है।

अपने आदर्शों के प्रति ईमानदार रहना ही पर्याप्त है—कौन-सी भावना श्रेष्ठ है, कौन-सी अश्रेष्ठ, इसका निर्णय सर्वसाधारण के लिए कठिन काम है। और कोई निर्णय सब पर लागू भी नहीं हो सकता। इसलिए अच्छा यही है कि अपने जीवन के लिए मनुष्य स्वयं कुछ नैतिक आदर्शों का निर्धारण कर ले, और उन्हीं की कसौटी पर कर्तव्य-अकर्तव्य की परीक्षा करे। मनुष्य अपने जीवन के आदर्शों के प्रति ईमानदार रहे तो यह किंकर्तव्यविमूढ़ता नहीं सताती।

वासनाओं का विलोप नहीं हो सकता, रूपान्तर ही हो सकता है—जो मनुष्य अपने नैतिक आदर्श या अपनी शक्तियों का प्रयोजन निर्धारित कर लेता है उसके लिए संयम बहुत बड़ी समस्या नहीं रहती। वह अपनी प्रवृत्तियों की धाराओं को संयमित करके उनका प्रवाह जिस दिशा में चाहे

मोड़ सकता है। यही संयम का सच्चा अर्थ है। किसी भी प्रवृत्ति या कामना का विलोप नहीं हो सकता। उन्हें दबाकर सर्वथा मृत नहीं किया जा सकता। उनकी दिशा में ही परिवर्तन किया जाना संभव है। अथवा उनमें रूपान्तर करना ही अभीष्ट है।

वासनाओं को रचनात्मक वृत्तियों में संलग्न करना चरित्र-निर्माण का मुख्य काम है–प्रवृत्तियों का सर्वथा दमन या निरोध करने से मनुष्य का मन स्वस्थ नहीं रहता। हमारी प्राचीन पुस्तकों में संयम की उपयोगिता का वर्णन करते हुए कई जगह यह कहा गया है कि सब विषयों के प्रति सर्वथा अनास्था रखना ही मन को जीतने का उपाय है।[1] अथवा यह कि सदैव वासना का त्याग ही संयम कहलाता है।[2] मैं वासनाओं को मनुष्य का बैरी मानना ठीक नहीं समझता। वासनाओं को रचनात्मक वृत्तियों में लगाना ही सच्चा संयम है। प्रकृति स्वयं अपने गुणों में प्रवृत्त होती है। जीवन स्वयं एक प्रवृत्ति के सिवाय क्या है? निवृत्ति तो मृत्यु का ही दूसरा नाम है। प्रवृत्तियों का पूर्ण निग्रह हो ही नहीं सकता है।

साँप को पिटारी में बन्द करने से ही उसका ज़हर दूर नहीं हो जाता–निग्रह द्वारा हम प्रवृत्तियों को निःशेष नहीं कर सकते। उनको शरीर से पृथक् नहीं कर सकते। निग्रह एक मानसिक प्रक्रिया है, जिसकी सहायता से हम अपनी अन्तरात्मा के प्रतिकूल विचारों को अपने चेतन मन से बाहर धकेलकर अचेतन मन को कैद कर देते हैं, जैसे सपेरा सांप को थैली में बन्द करता है; किन्तु थैली में बन्द करने से सांप का ज़हर दूर नहीं हो जाता। वह सांप उस कैद में अपने ज़हर के साथ बैठा रहता है।

हमारे अचेतन मन में पलनेवाले सांपों का निग्रह–इस तरह हमारे अचेतन मन में बहुत-से ज़हरीले सांप बैठे रहते हैं। अनेक तरह की

---

1. विषयान्प्रति भो पुत्र सर्वानव हि सर्वथा।
अनास्था परमा ह्येषा युक्तिर्मनसो जये।।–योग
2. सदैव वासनात्यागः शमोऽयमिति शब्दितः।
सदृशं चेष्टते स्वस्याः प्रकृतेर्ज्ञानिवानपि।
प्रकृतिं यान्ति भूतानि निग्रहः कि करिष्यति।।–गीता

असामाजिक भावनाएं, यौन आकर्षण हमारे मन की गुफा में दबे रहते हैं। हीनता की भावना भी वहीं दबी रहती हैं। हम चेतन मन में इनकी स्थान पूर्ति विरोधी भावनाओं से करते रहते हैं। अचेतन मन में दबी हुई हीन भावनाओं का उत्तर अतिशय आत्मगर्व से देते रहते हैं। यौन आकर्षण को हम आत्म-सम्मान की भावना से दबाए रखते हैं। दबाने की यह प्रेरणा हमें प्रायः सामाजिक व्यवस्था से मिलती है। भले-बुरे की परख भी हम समाज के नियमों की कसौटी पर ही करते हैं। समाज के नियम सदा सच्चे ही नहीं होते। इसलिए हमारा निग्रह भी सदा सच्चा नहीं होता।

अतिशय निरोध मनुष्य को कायर तथा दब्बू बना देता है–निग्रह-निरोध की अति भी मनुष्य के जीवन को निरानन्द और निष्क्रिय बना देती है। चारों ओर से दबा हुआ आदमी आत्मविश्वास खो बैठता है। उसे हर समय यही खतरा बना रहता है कि कहीं वह कोई ऐसा काम न कर बैठे जिसे दूसरे बुरा समझते हों। जीवन की धाराओं में वह कभी उन्मुक्त मन से नहीं तैरता। वह कोई ऐसा ठहरे-से पानी का ताल ढूँढ लेता है, जहाँ उसकी नाव बिना विशेष हिले-डुले पड़ी रहे। ऐसा आदमी कायर और दब्बू हो जाता है। वह पुरानी रूढ़ियों के कुएं का मेंढक बनकर ही सारी ज़िन्दगी गुज़ार देता है।

सच्चा संयम संयत व्यवहार में है–अतः निग्रह में भी अति नहीं करनी चाहिए। अपने जीवन को सुखी बनाने के लिए मनुष्य मात्र प्रयत्न करता है। मनुष्य स्वभाव से नैतिकता-प्रिय है। यदि वह कहीं अस्वाभाविक संघर्षों का शिकार नहीं है तो अपने सुख की पहचान वह स्वयं कर सकता है। अपने नैतिक आदर्शों का चुनाव कर सकता है। निग्रह में भी उसे इसी विचार-स्वातन्त्र्य से काम लेना चाहिए। सच्चे सुख की चाह करनेवाला स्वयं संयम का मार्ग ग्रहण करेगा। सुखार्थी स्वयं संयत हो जाता है। संयम का सच्चा भाव अंग्रेज़ी के शब्द 'मॉडरेशन' में आ जाता है। अंग्रेज़ी की इस कहावत में बड़ी सच्चाई है कि "संयत व्यवहार रेशम की ऐसी डोरी है जो सब कल्याणमयी भावनाओं को पिरोती है।"[1]

---

1. Moderation is the silken string through all virtues.

संयम को ही साध्य मानना भारी भूल है–संयम पर इतना अधिक बल देने का यह अभिप्राय नहीं है कि संयम ही चरित्र-निर्माण है अथवा यह कि संयम स्वयं कोई साध्य वस्तु है। संयम का अभ्यास केवल संयम की पराकाष्ठा पाने के लिए नहीं हो सकता। यह तो चरित्र बनाने का एक साधन मात्र है। अन्य साधन भी हैं–यह भी उनमें से एक है।

कुछ लोग संयम को ही साध्य मानकर हठयोगी हो जाते हैं, या कायाकष्ट को ही धर्म मानकर हठधर्मी बन जाते हैं। शरीर को स्वाभाविक वृत्तियों के कार्य से बलपूर्वक रोकना शरीर और मन दोनों के लिए अस्वास्थ्यकर होता है। वासनाओं का परित्याग नहीं हो सकता। हाँ, उनका महत्करण[1] हो सकता है। महत्करण के लिए संयम पहली शर्त है। किन्तु अकेला संयम ही इस कार्य को पूरा नहीं कर सकता। महत्करण के लिए महत्कार्यों का ज्ञान और उन्हें सिद्ध करने की अन्य योग्यताएं होनी चाहिए। यह महत्ता, यह सत्त्व, महान कार्यों के उपकरणों में नहीं बल्कि महान् कार्यों की आत्मा में होता है।[2] यही सत्य है जिसे हम चरित्र कहते हैं। यही बल है जिसे चरित्र कहा जाता है। तभी इसे आत्मबल भी कह सकते हैं। शरीर और बुद्धि के बल से यह सर्वथा भिन्न और ऊँचे दर्जे का है।

अपने विश्वास के लिए मरना ही चरित्रपूर्ण जीवन की विजय है–आत्मबल या चरित्रबल की बहुत-सी अस्पष्ट-सी परिभाषाएं हैं, किन्तु एक बात शत-प्रतिशत सच है कि जो व्यक्ति अपने विश्वास पर जान तक कुर्बान कर देता है उसे ही हम आत्मिक बल-सम्पन्न या दृढ़चरित्र मानते हैं। इसलिए चरित्र का सम्बन्ध भावनाओं की व्यवस्था से है, बौद्धिक या शारीरिक व्यवस्था से नहीं। अपने विश्वासों पर सच्चा रहनेवाला और उनके लिए बड़ी से बड़ी कुर्बानी करनेवाला ही साधारण भाषा में ऊँचे चरित्र का कहलाता है। अतः यदि हम यह कहें कि चरित्र में दृढ़ता और कुर्बानी का महत्त्व सबसे अधिक है तो उपयुक्त ही होगा।

---

1. Sublimation
2. क्रियासिद्धि : सत्त्वे भवति महतां नोपकरणे।

चरित्र ओजस्विनी शक्ति है, प्रसुप्त कल्पना नहीं–यह दृढ़ता उसी में होगी जो अपनी आत्मा को दुनियावी चीज़ों से ऊपर मानेगा, आत्मा की महत्ता से परिचित होगा, जिसे अपने पर भरोसा होगा, जो बहादुर होगा, ऊँचे आदर्शों की रक्षा के लिए क्षणिक आनन्द की कुर्बानी करना जानता होगा, जिसे भविष्य पर श्रद्धा होगी, जो स्वतन्त्र रूप से विचार करके किसी निर्णय पर पहुंचने की क्षमता रखता होगा और उस निर्णय पर अटल रहने का बल रखता होगा। सच तो यह है कि चरित्र कोई प्रसुप्त गुण नहीं है। यह तो एक ओजस्विनी शक्ति है।[1] इसी के लिए हमारे शास्त्रों में कहा गया है कि वह अणु से अणु और महान से महान बनकर मनुष्य के हृदय में निवास करता है। मनुष्य अपनी वासनाओं पर विजय पाने के बाद ही उसकी महत्ता को देख सकता है।[2]

चरित्र ही आत्मबल का व्यावहारिक रूप है–महाभारत में व्यास मुनि ने जब यह कहा था कि यदि आत्मा का किसी ने संयम कर लिया है तो मौत भी उसका क्या बिगाड़ेगी,[3] तब आत्मा से उनका अभिप्राय चरित्र से ही था। गीता में भी जब यह कहा है कि 'आत्मा से ही आत्मा का उद्धार करो, आत्मा ही आत्मा का बन्धु है, आत्मा ही शत्रु, आत्मा से ही आत्मा को जीतो'[4] तब प्रथम आत्मा का अर्थ सर्वत्र 'चरित्र' ही है। चरित्र से आत्मा का उद्धार करो। चरित्र ही आत्मा का बन्धु है, और दुश्चरित्र ही शत्रु है। चरित्र से ही आत्मा को जीतो, जितात्मा बनो, यही अभिप्राय हमारे ऋषियों का है और यही भगवान् बुद्ध का भी था, जब उन्होंने आत्मा के इस सच्चे मित्र का वर्णन किया था।

---

1. Dynamic force
2. अणोरणीयान् महतो महीयान् आत्मास्य जन्तोर्निहितो गुहायाम्।
   तमक्रतुः पश्यति वीतशोको धातुः प्रसादान्महिमानमात्मनः।।
3. आत्मा संयमितो येन यमस्तस्य करोति किम्।–महाभारत
4. उद्धरेदात्मनात्मानं नात्मानमवसादयेत्।
   आत्मैव ह्यात्मनो बन्धुरात्मैव रिपुरात्मनः।।
   बन्धुरात्मात्मनस्तस्य येनात्मैवात्मनो जितः।
   अनात्मनस्तु शत्रुत्वे वर्त्तेतात्मैव शत्रुवत्।।

चरित्र विरासत में नहीं मिलता—चरित्र का बल ही आत्मा का बल है। हम वैसे ही होंगे जैसा हमारा चरित्र होगा। हम अपनी प्रवृत्तियों की व्यवस्था उसी योग्यता से कर सकेंगे जो योग्यता हम अपने चरित्र या अपनी आत्मा में पैदा करेंगे। यह योग्यता विरासत में नहीं मिलती। इसे निरन्तर अभ्यास से पैदा किया जाता है। चरित्र विरासत में नहीं मिलता। हम माता-पिता से कुछ स्वभावों[1] को अवश्य विरासत में पा सकते हैं, किन्तु चरित्र कोई नहीं। कोई भी बच्चा जन्म से सच्चरित्र या दुश्चरित्र नहीं होता। हाँ, वह ऐसी परिस्थितियों में अवश्य पैदा होता है जहाँ उसका चरित्र सबल या निर्बल बन सके। किन्तु परिस्थितियां ही चरित्र को नहीं बनातीं। परिस्थितियों के प्रति हमारे मन की जो प्रतिक्रिया होती है, वही चरित्र का निर्माण करती है। उस प्रतिक्रिया को स्वस्थ बनाना ही सबसे बड़ी शिक्षा है। यह शिक्षा अक्षर-विज्ञान की तरह किसी गुरू द्वारा नहीं दी जा सकती। मनुष्य स्वयं अपना गुरू है। वह स्वयं निरीक्षण से और अभ्यास से सीखता है। इस अभ्यास को क्रियात्मक रूप किस तरह दिया जा सकता है, या जीवन के नित्य प्रति के कार्यों में किस तरह चरितार्थ किया जा सकता है, इसका अगले कुछ पृष्ठों में विस्तार से निर्देश किया जायगा।

6

अपनी महत्ता का ज्ञान आवश्यक है

अपने को जानना सबसे बड़ी सिद्धि है—मनुष्य अपनी छिपी हुई शक्तियों को पहचाने बिना शक्तिशाली नहीं बन सकता। जो जैसा अपने को जानता है, वैसा ही बन जाता है।[2] अपने को जानना सब सिद्धियों में बड़ी सिद्धि है। लाखों में से एक होता है जो अपने को जानने का

---

1. Characteristic
2. श्रद्धामयोऽयं पुरुषः यो यच्छ्रद्धः स एव सः।

यत्न करता है और उन यत्न करनेवालों में भी कोई-कोई ही होता है जो वास्तव में अपने को पहचान पाता है।[1]

जीवन की यात्रा में सहस्रों आदमी आत्मा के द्वार तक पहुंचते हैं, किन्तु थोड़े ही हैं जो प्रवेश पाते हैं।[2]

हमारा अन्तःकरण सदा निर्मल रहता है–अपने को पहचानना आसान काम नहीं है। हमारा असली व्यक्तित्व इतना स्पष्ट है, पर्दों में नहीं रहता; फिर भी वह अपनी इच्छा से इतने पर्दों में छिपा हुआ है कि उसके असली स्वरूप का जानना टेढ़ा काम है।[3]

हमारे प्राचीन विचारकों का विश्वास था कि मनुष्य ईश्वर का वरद पुत्र है, अमृत-पुत्र है। बाइबिल ने कहा है : दुनिया का संपूर्ण साम्राज्य हममें है, उसे जानो। तुम्हारा हृदय ही ईश्वर का मंदिर है।[4] जो अपने को जान लेता है, उसका चरित्र सदा उज्ज्वल रहता है। अपने आचरणों को परीक्षा के लिए उसे कहीं बाहर जाने की आवश्यकता नहीं रहती। आत्मतुष्टि ही उसके लिए कर्तव्य-अकर्तव्य के निश्चय में सबसे बड़ी परख है जिस काम की आज्ञा उसका हृदय-स्थित अन्तःकरण देता है वही वह करता है।[5] जब कोई उसे संदेह होता है, तब वह अपना दिल

---

1. मनुष्याणां सहस्रेषु कश्चिद्यतति सिद्धये।
   यततामपि सिद्धानां कश्चिन्मां वेत्ति तत्त्वतः।।
2. Straight is the gate that leadeth unto life, and few there be that find it. Few are chosen though many come.

   -Bible
3. न कोई परदा है उसके दर पर, न रूहे-रोशन नकाब में है।
   तू आप अपनी खुदी से ऐ दिल, हिजाब में है, हिजाब में है।।
4. Behold, the Kingdom of God is within you. You are the temple of God.
5. हृदयेनाभ्यनुज्ञातः मनःपूतं समाचरेत्।
   स्वस्य च प्रियमात्मनः परितोषोऽन्तरात्मनः।।
   स्वस्यैवान्तरपुरुष आमनस्तुष्टिरेव च।
   क्षेत्रज्ञो नाभिशंकते यमो देवो हृदि स्थितः।।–महाभारत

टटोलता है। दिल का फैसला ही उसका फैसला होता है। हमारा हृदय ही हमारे कल्याण की कामना करता है। हम उससे कुछ छिपा नहीं सकते। वह हमारे विचारों और संकल्पों को भी देखता रहता है।[1] उसे हम धोखा नहीं दे सकते। वह सदा साक्षी बनकर हमारे हृदय में रहता है। उसकी चेतावनी को अनसुनी करके, उसे असन्तुष्ट करके जो काम हम करते हैं, वह पाप है। उस पाप का दण्ड हमें उसी समय मिल जाता है।[2] हमारे मन को शान्ति नहीं मिलती।

अपने विशेष गुणों को पहचानकर उनका विकास करना चाहिए– चीन के विचारक कन्फूशस ने लिखा है–"अज्ञानी लोग ही दूसरे को जानने की कोशिशें करते हैं। ज्ञानी वही है जो अपने को जानने की कोशिश करता है।"[3] चीन के एक और दार्शनिक शिन्तो का विश्वास था कि मनुष्य स्वयं दिव्य है, मनुष्य के हृदय से ऊँचा कोई देवता नहीं है।[4]

अपनी महत्ता को न पहचानकर ही मनुष्य दुश्चरित्र बनता है। महत्ता से हमारा अभिप्राय केवल आध्यात्मिक महत्ता नहीं है। हमारा संकेत केवल उन विशेष गुणों से है जो मनुष्य के चरित्र को बनाते हैं। जो मनुष्य अपने विशेष गुणों को नहीं पहचानता, वह किसी भी क्षेत्र में उन्नति नहीं कर सकता।

हमारी विशेषताएं सामाजिक बन्धनों की ज़ंजीर में दम तोड़ देती हैं–साधारणतया हर इंसान से यह उम्मीद की जाती है कि वह अपने गुणों से परिचित होगा और यह भी कि वह अपने श्रेष्ठ स्वरूप को ही दुनिया के सामने रखेगा। हर एक को अपने से पूछना चाहिए कि वह

---

1. सतां हि संदेहपदेषु वस्तुषु प्रमाणमन्तःकरणप्रवृत्तयः।
2. हृदि स्थितः कर्मसाक्षी क्षेत्रज्ञो नास्य तुष्यति।
   तं यमः पापकर्माणं निर्भर्त्सयति पुरुषम्।।–महाभारत, आदिपर्व
3. What the undeveloped man seeks is others, what the advanced man seeks is himself.
4. There exists no higher deity outside the human mind. Man himself is Divine.

अपनी उत्कृष्टताओं का कितना अंश अपने कार्यों द्वारा संसार के सामने प्रकट करता है और कितना अंश ऐसा है जो झूठे बन्धनों में बंधकर या झूठी शर्म के पर्दों में छिपकर नष्ट हो जाता है। दूसरों के बन्धनों व छल-छद्म को देखने में तो हमारी आंखें चील से भी तेज़ हो जाती हैं, किन्तु अपनी ज़ंजीरों को हम देख भी नहीं पाते। कई बार जब कोई बहुत अभद्र व्यवहार करता है तो हम कह उठते हैं–'नहीं, नहीं, वह वास्तव में ऐसा नहीं है। असल में वह बड़ा नेक आदमी है। उसकी अशिष्टता पर ध्यान न दो, उसका दिल बड़ा साफ है।' कोई कड़वा बोले तो हम कह देते हैं–'यह तो उसकी ज़बान का ही कड़वापन है। उसे गाली बकने की आदत पड़ गई है। दिल से वह बड़ा मीठा और ईमानदार आदमी है।' कीचड़ में ही कमल पैदा होते हैं। पहाड़ों की चट्टानों में से ही झरने निकलते हैं। मनुष्य के व्यक्तित्व की अभिव्यक्ति भी इतनी ही सुन्दर होनी चाहिए। यदि ऐसा नहीं होता तो हमें उनके कारणों की तलाश करनी होगी। स्वभाव से ही महान् मनुष्य यदि पतन के मार्ग पर चल पड़े तो हमें उन बाधाओं को दूर करना पड़ेगा जो उसे अपने रास्ते पर चलने से रोकती है। और उन विकृत भावनाओं को दूर करना होगा जो उसे अनुभूति नहीं होने देतीं।

7

दैन्य : मनुष्य का सबसे बड़ा शत्रु

एक बार गिरकर उठने की आशा छोड़ देनेवाले प्रायः दीन हो जाते हैं–इन विकृत भावनाओं में सबसे सांघातिक भावना स्वयं को दीन-हीन मानने की भावना है। दीनता मनुष्य की सबसे बड़ी शत्रु है। दीनता-ग्रस्त व्यक्ति कभी चरित्रवान् नहीं बन सकता। 'मैं नाचीज़ हूँ,' ये शब्द कहनेवाले या तो वे पाखण्डी होते हैं जो दूसरों के मुख से 'आप बादशाह हैं' सुनना चाहते हैं या वे गिरे हुए आदमी होते हैं जो गिरकर उठने की आशा छोड़ चुकते हैं। स्वयं को अकिंचन मानना विनय नहीं है। इस

व्यक्ति द्वारा हम अपनी कायरता की घोषणा करते हैं। कुछ लोग अपने अक्खड़पन को और गर्वित व्यवहारों को छिपाने के लिए भी इन शब्दों का प्रयोग किया करते हैं।

भाग्य पर जीनेवाले दीनता को अपनाते हैं–इस तरह स्वयं को धिक्कारनेवाले लोग प्रायः वही होते हैं जो अपनी अधोगति के लिए भाग्य को दोषी ठहराते हैं। वे अपने उत्कर्ष के लिए सच्चा प्रयत्न करने के स्थान पर दुनिया-भर की शिकायत करने को तैयार रहते हैं। यदि अपने काम में अयोग्य होने के कारण स्थानच्युत कर दिए जाएंगे तो अपनी त्रुटियों पर ध्यान नहीं देंगे, बल्कि यही कहेंगे–'ज़माना बुरा है। सब मेरी व्यर्थ शिकायत करते हैं। मालिक अपनी आँख से नहीं देखता। कान का कच्चा है।' उसे यह कभी नहीं सूझेगा कि उसने पूरी मेहनत और ईमानदारी से काम किया।

अतिशय स्वाभिमान भी विक्षिप्त होकर दीनता में बदल जाता है–दीनता-प्रकाशन का यह रोग प्रायः ऐसे व्यक्तियों में ही देखा गया है जो अपने को दुनिया का अनोखा हीरा समझते हैं। पहले अपनी दृष्टि में उनका मूल्य इतना ऊँचा होता है कि जब कल्पित अभिमान ठुकरा दिया जाता है तो वे मुँह के बल नीचे गिरते हैं। पहले उनकी धारणा यह होती है कि दुनिया को हर समय सिर-आँखों पर उठाए रखे, उनके साथ सबसे जुदा विशेष व्यवहार हो! किन्तु जब वे देखते हैं कि जीवन के सागर में उन्हें भी ऊंची-नीची लहरों की थपेड़ बर्दाश्त करनी पड़ती है, या उन्हें भी दूसरों की तरह चक्की में पिसना पड़ता है तो उनके स्वप्न टूट जाते हैं। उनके कल्पनालोक में भारी विप्लव आ जाता है। तब वे संभल नहीं पाते। स्वप्न-संसार में विचरनेवाला उनका मन जीवन के क्रियात्मक अनुभव पाने से इंकार कर देता है। और तब वे इस आत्मवंचना में ही शरण लेते हैं कि सारा ज़माना उनका दुश्मन है। यह कल्पना उनके मन पर इतनी छा जाती है कि वे अपने को अकेले और निःसहाय अनुभव करने लगते हैं और अपनी निःसहायता का विज्ञापन करने के लिए दीनता-प्रकाशन का पेशा इख्तियार कर लेते हैं।

माँ-बाप बचपन से ही दीनता का बीज बो देते हैं—अन्य मानसिक विकास की तरह दैन्य-भावना का विकास भी मनुष्य के बाल्यकाल की परिस्थितियों में होता है। जिस बच्चे को माँ-बाप का अत्यधिक लाड़-प्यार हो, जिसे खुद गिर-गिरकर चलने का अभ्यास न डाला गया हो बल्कि हर ठोकर पर गोदी की शरण दी गई हो, उसे बड़े होकर जब हर कदम पर ठोकरें खानी पड़े तो वह हारकर दीनता की शरण में चला जाता है। जो बच्चे आसानी से लाखों का धन पा जाते हैं, उन्हें ज़िन्दगी का खेल-खेलना नहीं आता। कभी यह खेल खेलना पड़ जाए तो वे पहली हार में ही 'मैं और नहीं खेलता—सब मुझे धोखा देते हैं' कहकर एक कोने में मुँह फुलाकर बैठ जाते हैं। ऐसे अति लालित बच्चे जोवन-भर पछताते हैं। उन्हें सबसे लाड़-प्यार या विशेष व्यवहार पाने की आशा बनी रहती है। वह न मिलने पर उनकी बेबसी बढ़ जाती है। वे अपने को हर समय दीन-हीन और असहाय अनुभव करते हैं।

परवशता दीनता की जननी है श्रमजीवी परवश नहीं होते—दीनता की भावना मनुष्य के मन में तभी जागती है जब वह किसी की वश्यता स्वीकार करता है। पेट के लिए, पैसे के लिए या किसी स्वार्थ से जब उसे दासता के जुए में जुतना पड़ता है तो उसकी आत्मा मर जाती है। परवशता ही दीनता की जननी है। इसीलिए नौकरी करके पेट भरनेवाला आदमी प्रायः दीनताग्रस्त होगा। किन्तु यह ज़रूरी नहीं कि हर नौकर दीन हो। जो मनुष्य अपनी योग्यता के भरोसे नौकर होगा, उसके स्वाभिमान पर कभी आघात न पहुंचेगा। उसकी नौकरी का अर्थ केवल परस्पर सहयोग होगा। वेतनभोगी होने का अर्थ ही दीन होने से नहीं है। वेतन पानेवाले भीख नहीं पाते, अपना हक पाते हैं। वे अपने श्रम का मूल्य अपने अधिकार से लेते हैं।

अधिकार से अधिक चाहनेवाला ही दीन हो जायेगा—हाँ, जो अपने श्रम से अधिक मूल्य चाहेगा, उसे दीन बनना होगा। अपने श्रम का उचित मूल्य पानेवाले वेतनभोगी प्रायः पूँजीपति को ही अपना गुलाम बना लेते हैं। जहाँ कोई अपने अधिकार की मर्यादा में पारिश्रमिक लेता है, वहाँ दीनता का प्रश्न ही नहीं उठता।

सच्चा आदमी कभी दीन नहीं बनेगा–मेरा तो विश्वास है कि संसार के बाहर की कोई भी शक्ति सच्चे आदमी को दीन नहीं बना सकती। उसके भीतर की वासना उसे दीन बनाती है। जब उसका लोभ बढ़ जाता है, तो वह अनैतिक उपायों से अपनी वासना को तृप्त करने का साधन जुटाना चाहता है। अपनी वासनाओं का गुलाम बनकर ही वह परिस्थितियों या मनुष्य का गुलाम बनता है।

प्रवृत्ति की सीमा मनुष्य की योग्यता के अनुकूल होनी चाहिए– इसलिए दीनता से मुक्ति पाने की इच्छा रखनेवाले को सबसे पहले अपनी वासनाओं से मुक्ति पानी होगी; शारीरिक विलास की इच्छा और भोगों में असाधारण प्रवृत्ति को छोड़ना होगा।

मैं निवृत्ति-मार्ग का पोषक नहीं हूँ; किन्तु प्रवृत्ति उसी सीमा तक होनी चाहिए जहाँ तक मनुष्य की योग्यता है। प्रत्येक मनुष्य की अपनी सीमा होती है। उसके बाहर जाने का यत्न करना अपने पर अत्याचार करना है। मेरी योग्यता यदि दो सौ रुपये मासिक की है तो मुझे पांच सौ रुपये का लोभ करके अपनी असमर्थता के लिए दीन नहीं बन जाना चाहिए। अपनी समर्थता का अनुमान मनुष्य स्वयं लगा लेता है। सामर्थ्य के अनुकूल पुरस्कार पाने की ही आशा रखकर कार्य करना चाहिए। अधिक की चाह मनुष्य को अशान्त और बीमार बना देती है।

दूसरे की तराज़ू पर अपने को तोलना दीनता की पराकाष्ठा है–प्रायः दूसरों को अपने से अधिक सम्पन्न देखकर ही यह चाह आदमी में पैदा होती है। औरों के मुकाबले में अपने को नीचा देखकर मनुष्य का मन विक्षिप्त हो जाता है। दूसरों की तराज़ू में अपने को तोलने का विचार जब मनुष्य के मन में आए तो उसे समझ लेना चाहिए कि उसका मन रोगी है। यह तोल भी कभी सच्ची नहीं होती। हम दूसरों के सुखों को देख सकते हैं, उनकी तकलीफों का अनुमान नहीं कर सकते। प्रत्येक व्यक्ति अपने अच्छे पहलू को ही दूसरों के सामने लाता है। इसका मतलब यह नहीं कि उसका दूसरा पहलू है ही नहीं। अपने कष्टों को आदमी अकेला ही झेलता है। एकान्त में बैठकर ही उनसे सुलझने

की कोशिश करता है। उसकी इस कष्टप्रद-कहानी से अपरिचित होने के कारण लोग उसे केवल सुखी ही समझते हैं। इसलिए उनकी धारणा एकपक्षीय होती है। उस धारणा की रस्सी से आत्म-सम्मान का गला घोंटना निरा पागलपन है।

समान स्थिति के लोगों से मिलना स्वास्थ्यकर है–इस विक्षिप्त मनोवृत्ति को वश में करना चाहिए और यदि कोई कमज़ोर आदमी वश में न कर सके तो उसे चाहिए कि वह अपने से अधिक समर्थ व्यक्तियों के सम्पर्क में आना छोड़ दे। सच तो यह है कि जो लोग अपने दर्जे से ऊँचे दर्जे के लोगों में लोभवश मेल-जोल बढ़ाते हैं, प्रायः वही दीनता का रोग पाल लेते हैं। इस मेल-जोल का, जो कि समान शील-व्यसनवाले व्यक्तियों में नहीं होता, आधार ही स्वार्थ होता है। इसलिए उसका परिणाम कभी अच्छा नहीं होगा।

दीन-भावना का उद्भव प्रायः मन की आन्तरिक अवस्था से होता है। इसलिए मैंने उसके रोगी को आत्मनिरीक्षण द्वारा ही इसका उपचार करने की सलाह दी है। किन्तु कई अवस्थाओं में कुछ ऐसी परिस्थितियां भी कारण बन जाती हैं जो रोगी के वश में नहीं होतीं। परिस्थितियों का ईमानदारी से मुकाबला करते हुए भी वह दीन-भावना से पराजित हो जाता है।

आज की सभ्यता ने मनुष्य को एक जड़ प्रजा बनाकर बहुत दीन बना दिया है–आज की सभ्यता ने विज्ञान की सहायता से भौतिक वैभवों को इतना विराट् रूप दे दिया है कि मनुष्य की आत्मा उनके भार से दब गई है। मनुष्य भी केवल विश्व की वैभव-वृद्धि में निर्जीव पुर्ज़े की तरह सहायक भाग रह गया है। मशीनरी के पुर्ज़ों के समान ही उसका उपयोग किया जाता है। उसकी स्वतन्त्र रचनात्मक वृत्तियां मर चुकी हैं। उसे किसी भी संपूर्ण रचना का परितोष प्राप्त नहीं होता। वह तो एक निर्जीव विद्युत्-संचालित मशीन की तरह हिलता-डुलता है। बिजली और भाप के दैत्यकाय यन्त्रों की शक्ति के सामने मनुष्य की शक्ति को हेय समझा जाता है। आत्मिक संसार में अवश्य मनुष्य की मनुष्यता का

कुछ मान शेष है, किन्तु उसका आत्मिक अस्तित्व कागज़ की नाव की तरह क्षणभंगुर है। देव-मन्दिरों या विचारकों की पुस्तकों में ही मनुष्य के नैतिक जीवन का कुछ मान होता है। धन की खोज में मनुष्य ने अपने को मिटा दिया है, आत्म-प्रतिष्ठा का दिवाला निकालकर दीनता स्वीकार कर ली है।

दीनता मनुष्य के मन में घृणा भर देती है–इस दीन-भावना से मनुष्य को छुटकारा न मिले तो अच्छा यह है कि मनुष्य दीनता के कारण का ही समूलोन्मूलन कर दे। जो घटना या व्यक्ति मनुष्य को दीन बनाता है उसे छोड़ देना चाहिए। माँ-बाप अपने कठोर नियंत्रण से और पति-पत्नी की परवशता का लाभ उठाकर बच्चों या पत्नी को दीन बना देते हैं। यह दीनता जब आत्मघाती हो जाए तो मनुष्य का पवित्र कर्तव्य है कि वह इस परवशता के जाल को तोड़ दे। प्रेम के सम्बन्धों में दीनता की भावना आना ही प्रेम के अभाव की सूचना है। सच्चे अर्थों में प्रेम करनेवाला व्यक्ति कभी अपने मित्र को दीनता में नहीं देखना चाहेगा। यदि कोई मित्र या पिता ऐसा चाहे तो वह सच्चा मित्र अथवा पिता नहीं। दीनता की मनोवस्था घृणा की जननी है। मैं उसके समक्ष दीन बनने का यत्न करूंगा, उसे हृदय से घृणा करूंगा। प्रेम समतल के व्यक्तियों में होता है। स्वयं को औसत दर्जे से अधिक बुद्धिमान् मानकर जो व्यक्ति अपने साथी को दबाएगा, वह घृणा का पात्र हो जाएगा।

अदंडित अपराधों की स्मृति मनुष्य को दीन बनाती है–दीनता की ग्रन्थियों का प्रदर्शन मन की अनेक अवस्थाओं में होता है। कई बार उन अवस्थाओं से अपनी दीनता का माप-तोल नहीं हो पाता। उसके लक्षण मन की भिन्न-भिन्न अवस्थाओं में नज़र आते है। हम उन्हें पहचान नहीं पाते। अपराध की स्मृति मनुष्य को दीन बना देती है। जो अपराध एकान्त में किया गया हो, जिसका साक्षी केवल अन्तःकरण हो, उसका दंड भगवान् की ओर से यही मिलता है कि मनुष्य दीनता अनुभव करने लगता है। उसकी आत्मा कमज़ोर हो जाती है। इस तरह के अदण्डित अपराध मनुष्य को ज़्यादा सताते है।

दिल में बसी दीनता छिपती नहीं है। मनुष्य उसे छिपाने के लिए कितने ही गर्वसूचक आचरण कर ले, उसकी आँखें और उसकी मुखमुद्रा हृदय के सच्चे दर्पण बनकर सच्चाई को दुनिया के सामने रख देते हैं।

असुन्दर व्यक्ति भी प्रभावशाली व्यक्तित्व रख सकते हैं—कुछ लोग असुन्दर होने के कारण सदा दीनता का भाव लिए रहते हैं। किसी की नाक ज़रा दबी हुई है, या आँखों की भवें बहुत घनी हैं या चेहरे पर चेचक के दाग हैं—इनकी चेतनता सदा उनके मन में जागृत रहती है। उन्हें जान लेना चाहिए कि भद्दी सूरतवाला आदमी भी शक्तिशाली व्यक्तित्व बना सकता है। थोड़ा-सा बनाव-सिंगार और पोशाक का अनुकूल चुनाव किसी भी मनुष्य को आकर्षक व्यक्तित्व दे देता है। व्यक्तित्व के निर्माण में शारीरिक गठन की अपेक्षा मानसिक गठन अधिक प्रभाव रखता है। शरीर से सुन्दर किन्तु मूर्ख आदमी की ओर समाज में कोई आकृष्ट नहीं होता। स्त्रियां भी ऐसे मूर्खता के सुन्दर पुतले से आकृष्ट नहीं होतीं। इसलिए असुन्दर व्यक्ति को असुन्दरता के कारण दीन होने की कोई ज़रूरत नहीं है।

हम दीनता को छिपाने के लिए सब काम ऊँचे स्वर और भारी प्रदर्शन से करते हैं—दीन-भावना को दूर करने के उपायों पर मैं पीछे प्रकाश डालूँगा। पहले यह जान लेना चाहिए कि दबी हुई दीनता अनेक प्रकार से प्रकट होती है। मुझे एक लड़की ने बतलाया कि उसकी छोटी बहन कई बार बड़ी बददिमाग़ हो जाती है। उसे ऐसे ही काम में मज़ा आता है जिससे मैं परेशान होऊँ। मैं जब पढ़ने बैठती हूँ तो वह रेडियो का स्वर खूब ऊँचा कर देती है, और जब मेरे कोई मित्र आए हों तो रसोई में जाकर कोई न कोई बरतन गिरा देती है। इसका क्या इलाज है? मैंने उसे कहा कि 'अपनी छोटी बहिन को उद्दण्ड बनाने में तुम्हारा हाथ है। तुम बचपन से उस पर कठोर शासन करती आई हो। उसमें दीनता की ग्रंथियां बन गई हैं। इस दीनता को छिपाने के लिए वह सब काम ऊँचे स्वर से करती है। दिल ही दिल में तुमसे घृणा करती है। अच्छा यही

है कि तुम उससे अलहदा हो जाओ। पानी और तेल अलग-अलग घनत्व के कारण घुल-मिलकर नहीं रह सकते। जुदा-जुदा ही रहेंगे। इसी में तुम्हारा कल्याण है।'

पागल व्यक्ति प्रायः दैन्यग्रसित होते हैं–एक मित्र ने मुझे लिखा कि 'जब मैं बालक था तो मुझे हस्तमैथुन की आदत पड़ गई थी। यद्यपि एक-दो साल से ज़्यादा मैं इस आदत का शिकार नहीं रहा, किन्तु मैंने सुना था कि इस आदत का प्रभाव 40 वर्ष की अवस्था के बाद यह होता है कि मनुष्य पागल हो जाता है। मैं अब 43 वर्ष की उम्र में हूँ। मेरी याददाश्त सचमुच कमज़ोर हो गई है। कई बार मेरा दिमाग़ सन्न-सा पड़ जाता है। कहीं मैं पागल तो नहीं हो जाऊँगा?'

मैंने उसे लिखा कि 'आजकल हस्तमैथुन को हौआ बनाने की प्रथा चल पड़ी है। इसकी बुराइयों को अतिरंजित करके बालकों को इससे बचने की हिदायतें दी जाती हैं। मैं नहीं समझता कि तुम्हारी बचपन की उस आदत का कोई भी प्रभाव इस समय तुम्हारे स्वास्थ्य पर पड़ेगा। हाँ, यदि इसे हौआ समझते रहे तो मुमकिन है तुम्हारी विचार-शक्ति निर्बल पड़ जाए और तुम सचमुच पागल हो जाओ। इसलिए तुम इस भय को मन से निकाल दो।' अपराधी स्वयं दीन हो जाता है। अपराध भले ही कल्पित हो, दैन्य केवल कल्पित नहीं रहता। वह अपना प्रभाव अवश्य दिखलाता है। पागल व्यक्ति प्रायः दैन्यग्रसित होता है उसकी अतिशय वृत्तियां अपनी दीनता को छिपाने के लिए होती हैं।

बचपन की कुचली हुई इच्छाएं मन में दीनता का बीज बो देती हैं–दैन्यग्रसित व्यक्तियों से मेरा आग्रह है कि वे हिम्मत न हारें। दैन्य मनुष्य का जन्मजात रोग नहीं है। पिछले जन्म के संस्कारों से मनुष्य में दीनता का स्वभाव नहीं बनता। प्रायः बचपन की अवस्था में जब हमारी आत्मा असावधान होती है, माता-पिता की नियंत्रण-वृत्तियां या जीवन की कुचली हुई इच्छाएं हमारे मन में दीनता का बीज बो देती हैं। यही बीज अंकुरित होकर दीनता का विषवृक्ष बन जाता है। इसकी जड़ें हमारी आत्मा को चारों ओर से जकड़ना शुरू कर देती हैं। जब तक हम होश संभालते

हैं तब तक हम इसके वश में हो चुके होते हैं। हम इसे अपना सहज स्वभाव मानकर निश्चिंत हो जाते हैं। कुछ लोग इस दीन-भावना को विनय, मृदुलता आदि नाम देकर झूठी आत्मतुष्टि कर लेते हैं। वे कहने लगते हैं कि 'आखिर जीवन एक समझौते का नाम है। सिर झुकाकर न चलें तो सिर कटने का डर रहता है। आंधी से बड़े-बड़े वटवृक्ष धराशायी हो जाते हैं, किन्तु बेंत की बेल का कुछ नहीं बिगड़ता। ज़मीन पर उगी हुई घास हवा के झोंकों में लहराकर आंधी का स्वागत करती है।' ऐसे आदती अवसरवादिता को ही जीवन का क्रियात्मक मार्ग मान लेते हैं। उनके मत में आदर्शों के लिए जीना झूठा अहंकार है।

मौत मांगने से नहीं मिलती किन्तु जीते जी मरना मिल जाता है–'प्रकृति को अपना कार्य करने की छूट देनी चाहिए। मनुष्य की हस्ती ही क्या है! जो साँस आराम से लिया जाये, ले लो, न जाने कब मृत्यु का द्वार खुल जाए?' ऐसे भीरु व्यक्तियों के सम्बन्ध में मेरा यह विश्वास है कि वे केवल साँस लेते हैं, जीते नहीं हैं; उनकी नसों में गरम खून नहीं, मौत का ठंडा पानी चलता है; उनके मन में श्मशान की शांति रहती है। वे जीते हैं किन्तु उनकी आत्मा मर चुकी होती है। दैन्य को स्वीकार करने वाला पुरुष जीते जी मर जाता है। वह तभी तक जीता है जब तक उसमें दैन्य के प्रति विद्रोह रहता है, जब तक वह यह सोचता है कि 'इस बेइज़्ज़ती की ज़िन्दगी से तो मौत अच्छी।' मनुष्य निर्धन हो या धनी, शिक्षित हो या अशिक्षित, बालक हो या तरुण, तभी तक जीना चाहता है जब तक सम्मान के साथ जीना मिले। सम्मान पर ठेस लगने से पहले वह ईश्वर से मौत की भीख माँग लेता है। किन्तु मौत मांगने से नहीं मिलती। मौत मिले न मिले, जीते-जी मर जाना तो सबके हाथ की बात है। दैन्य स्वीकार करनेवाला यही करता है, वह जीते-जी मर जाता है। उसके जीवन के आनन्द मर जाते हैं, उसके जीवन के आदर्श मर जाते हैं, जीवन की सब अनुभूतियाँ मर जाती हैं। एक बार मरना कष्टप्रद नहीं होता; प्रतिक्षण मरने की यह प्रक्रिया बड़ी भयानक हो जाती है। शरीर के बड़े-बड़े वैद्यों ने शारीरिक मृत्यु पर विजय पाने के लिए बड़ी-बड़ी खोजें

की हैं। उन्हें मृत्यु पर सफलता तो नहीं मिली, किन्तु कुछ रोगों पर विजय पाने में सफलता मिल गई है। आश्चर्य यह है कि मानसिक रोगों पर विजय पाने में मनुष्य का ज्ञान अभी इतना पीछे है! मानसिक विकार अभी तक असाध्य ही माने जाते हैं। दैन्य की भावना का ही उदाहरण लीजिए। जो एक बार इस विकार से ग्रस्त हुआ वह जन्म-भर इसे पालता-पोसता रहेगा। उसे दूर करने की कोई औषध उसके पास नहीं है। उसकी अवस्था उस दाँत-दर्द के रोगी की-सी होती है जो दर्द से कराहता रहता है, किन्तु डाक्टर के पास जाकर उस बीमार दाँत को उखड़वाने की हिम्मत नहीं करता। कीड़ा खाए दाँत का इलाज यही है कि उसे बेदर्दी से उखड़वा दिया जाए। इसी तरह दीनताग्रस्त मनोभावना का इलाज यही है कि दैन्य को बेदर्दी से निकाल दिया जाए। इस चीराफाड़ी से उतना दर्द भी नहीं होगा जितना दाँत में उखाड़ने से होता है। मानसिक विकारों की चीराफाड़ी कष्टप्रद नहीं होती। उनका इलाज शुरू करते ही आनन्द की प्रतीति शुरू हो जाती है।

हम अदीन हैं–यह विश्वास ही दैन्य को परास्त करता है–मानसिक रोगों का कोई सर्वसम्मत इलाज नहीं है। मन को स्वस्थ बनाने के लिए कुछ नैतिक सिद्धांतों का पालन ही सब मानसिक रोगों का उपचार होता है सभी मानसिक रोगों का आधार प्रायः काल्पनिक होता है। वे रोग मन को तभी तक सताते हैं, जब तक हम उन्हें अपने मन में स्थान देते हैं। हम दीन हैं, यह विश्वास ही हमें दीन बनाता है इसलिए हम दीन नहीं हैं, यह विश्वास हमें अदीन बनायेगा। किसी भी स्वाभाविक प्रवृत्ति के अतिशय विकार को हम मन में उसकी विरोधी प्रवृत्ति को जागरित करके ही दूर कर सकते हैं।

आत्मसम्मान की भावना ही दीन-भावना की औषध है–भय की सहोदर भावनाओं का इलाज करने के लिए हमें आत्मगौरव की प्रसुप्त भावना को जागरित करना होगा। भय के कारण जो दैत्य भाव उठते हैं उन्हें आत्मसम्मान की भावनाओं से परास्त करना चाहिए। अर्जुन के दैन्य को दूर करने के लिए भगवान कृष्ण ने उसके मन में इसी आत्मसम्मान

के भाव को जगाया था। उन्होंने कहा था कि यदि तू इस समय युद्ध से मुख मोड़ेगा तो लोग तुझे डरपोक कहेंगे। तेरी कीर्ति पर कलंक लगेगा। यह अकीर्ति मृत्यु से भी अधिक कष्टप्रद होती है। इसलिए अपनी कीर्ति की रक्षा के लिए भी युद्ध करना तेरा कर्तव्य है।[1] महाभारत में व्यास मुनि ने कहा है कि आत्मकीर्ति का भाव पुरुष को माता की तरह जीवन प्रदान करता है। अकीर्ति मनुष्य को जीते-जी मार देती है।[2] 'मृच्छकटिक' में चारुदत्त ने यह बात ज़ोरदार शब्दों में कही है। वह कहता है : 'मैं मृत्यु से नहीं डरता, केवल अपयश से डरता हूँ। यशस्विनी मृत्यु मुझे पुत्र-जन्म के आनन्द के समान प्रिय होगी।'[3]

8

मानसिक रोगों पर विजय पाने के उपाय

मृत्यु से बचने का यत्न बेकार है; मृत्युञ्जय बनो–मेरा विश्वास है कि हम प्रत्येक आवेश को उसके विरोधी आवेश से ही जीत सकते हैं। भय को निर्भयता से, दीनता को अदीनता से, क्रोध को अक्रोध से ही जीता जा सकता है। वेदों में 'अदीनाः स्याम शरदः शतम्' हम सौ वर्ष अदीन होकर जिएं–प्रार्थना है। दीनता के साथ जीना नहीं है, ऐसे जीने से मरना अच्छा है। जीने का अर्थ ही अदीन होकर जीना है। अदीन आत्मा से ही हम यह आशा कर सकते हैं कि वह हमारी शक्तियों की बागडोर संभालेगी जिससे हमारे चरित्र का निर्माण होगा। कायर आत्मा

---

1. अकीर्तिं चापि भूतानि कथयिष्यन्ति तेऽव्ययाम्।
   संभावितस्य चाकीर्तिर्मरणादतिरिच्यते।।–गीता

2. कीर्तिर्हि पुरुषं लोके संजीवयति मातृवत्।
   अकीर्तिर्जीवितं हन्ति जीवतोऽपि शरीरिणः।।–महाभारत

3. न भीतो मरणादस्मि केवल दूषितं यशः।
   विशुद्धस्य हि मे मृत्युः पुत्रजन्मसमः किल।।–मृच्छकटिक

के हाथ में जिस जीवन की शासन-डोर होगी वह जीवन कभी सफलता के मार्ग पर नहीं चलेगा। जिस रथ का सारथी ही कायर होगा वह विजय के मार्ग पर अग्रसर कैसे हो सकता है? ईश्वर से जब हम यह माँगते हैं कि हमारे रथ को सबसे आगे बढ़ा दो;[1] हमारी भावनाएं समुद्र की धाराओं के समान सारी भूमि को व्याप्त कर लें[2]; और हम जीवन के दुर्गम पथ को आसानी से पार कर लें[3], तब हम अच्छी तरह जानते हैं कि दैन्यग्रस्त आत्मा से ऐसी आशा नहीं की जा सकती। मृत्यु को जीतनेवाली आत्मा दीन कैसे हो सकती है? हम मृत्यु से बचने की प्रार्थना नहीं करते बल्कि मृत्यु को जीतते हैं, मृत्युंजय बनने की धारणा बनाते हैं; मृत्यु के पैर को ढकेलते हुए जीवन-पथ पर चलने का संकल्प करते हैं।[4]

प्रवृत्तियों का आदर्श सन्तुलन करना हमारे हाथ में है—सच तो यह है कि जब हमारी आत्मसम्मान की स्वाभाविक वृत्ति मद्धिम पड़ जाती है तभी भय की प्रवृत्तियां प्रबल होकर हमारे दैन्य को उकसा देती हैं। प्रवृत्तियों का यह द्वन्द्व हमारे मन में प्रतिक्षण चलता रहता है। हमारी आत्मा के सामने इन प्रवृत्तियों की कचहरी हर समय तपी रहती है। वादी-प्रतिवादी हाज़िर होते रहते हैं और हमारा न्यायाधीश प्रतिक्षण फैसला देता रहता है। मामूली अदालतों में न्यायाधीश को व्यवस्थापकों द्वारा निर्मित विधान के अनुसार फैसला करना पड़ता है किन्तु हमारा न्यायाधीश व्यवस्थापक भी है। व्यवस्था बनाना भी उसी का काम है। मनुष्य का अन्तःकरण स्वयं अपना लक्ष्य निर्धारित करके व्यवस्था बनाता है और उस व्यवस्था को सुचारू रूप से कार्यान्वित करने के लिए प्रवृत्तियों के द्वन्द्व में से अनुकूल प्रवृत्तियों को काम में लाता रहता है।

---

1. प्रथमं नो रथं कृधि—ऋग्वेद
2. एषस्य धारया सुतोऽव्या वारेभिः पवते मदिन्तमः।
   क्रीडन्नूर्मिरपामिव। —सामवेद।
3. तरन्तः स्याम दुर्गहा—ऋग्वेद
4. मृत्योः पदं योपयन्ती यदैत—अथर्ववेद

यदि सब काम व्यवस्थानुसार चले तो जीवन का सन्तुलन आदर्श रहता है, किन्तु कठिनाई यही है कि मनुष्य का अंतःकरण भी अनेक दुर्बलताओं से प्रभावित हो जाता है।

एक दुर्बलता—दीन—भावना—की चर्चा मैंने की है। ऐसी अनेक भावनाएं और भी हैं जो हमारी आत्मा को आदर्श नेतृत्व के गुणों से वंचित करती हैं।

मनुष्य अपने कर्मों द्वारा ही आत्मप्रकाशन करता है—अत्यधिक अहंभाव भी आत्मा को निर्बल बनाता है। यह भी दीन-भावना की ही एक प्रतिक्रिया है। अहंकार की आड़ में हम अपनी दीनता को छिपाने का प्रयत्न करते हैं। ठीक उसी तरह जिस तरह मूर्ख आदमी वाचाल भाषा के पर्दों में अपनी मूर्खता को ढांपने की कोशिश करता है।

अहंकार, आत्माभिमान, आत्मप्रकाशन या अहंभावना मनुष्य की स्वाभाविक वृत्तियां हैं। इनके बिना मनुष्य का जीवन पूर्ण नहीं हो सकता, वह कर्म में प्रवृत्त नहीं हो सकता। आत्माभिमान मनुष्य की सबसे बड़ी प्रेरणा है। आत्मप्रकाशन की प्रवृत्ति, या स्वयं को रचनात्मक रूपों में प्रकाशित करने की इच्छा ही मनुष्य को कर्मों में प्रवृत्त करती है। मनुष्य स्वभाव से रचनाप्रिय है। प्रकृति से तो वह कलाकार है और अपनी रचना को देखकर आनंदित होना व अभिमान अनुभव करना भी उसका स्वभाव है। 'यह मेरी कृति है' कहकर मनुष्य अभिमान अनुभव करता है। अभिमान मनुष्य-जीवन को सुखी बनाने में सहायक होता है। अपने कार्यों में ही मनुष्य अपने को प्रकट करता है और अपने कर्मों द्वारा ही वह अपने स्वरूप को जानता है। आत्मप्रकाशन का यह आदर्श रूप है।

विश्वकर्मा हमारे हृदय में बैठकर हमें कर्मों में प्रवृत्त करता है—ईश्वर के कर्तृत्व का अंश मनुष्य में भी है। मनुष्य के हृदय में भी वही विश्वकर्मा बैठा है[1]। वही एक रूप से अनेक रूपों की सृष्टि कर रहा है। जो मनुष्य अपने हृदय में उसको बैठा जानकर अपने कर्मों में उसी की प्रेरणा को

1. एष देवो विश्वकर्मा महात्मा सदा जनानां हृदये सन्निविष्टः।

अनुभव करते हैं और हम जानते हैं कि सच्चा करतार वही ईश्वर है, उन्हीं को शाश्वत सुख प्राप्त होता है। और जो मूर्ख यह समझने लगते हैं कि प्रकृति के गुणों से स्वयं सिद्ध होने वाले सब कार्यों का कर्ता मैं हूँ, वे मिथ्याचारी होते हैं। उनका अभिमान मिथ्या होता है, उनका आनन्द मिथ्या होता है,[1] उनकी प्रेरणा मिथ्या होती है, उनका ज्ञान, उनका बल और उनकी सब क्रियाएं मिथ्या होती हैं।

चेष्टाहीन भावनाएँ विकृत हो जाती हैं; निश्चेष्ट अहंभाव ही दुराग्रह का कारण है–आत्मप्रकाशन और रचनात्मक भावनाओं को प्रकट होने का जब ठीक माध्यम नहीं मिलता तो वे पथभ्रष्ट हो जाती हैं, दब जाती हैं, विकृत और विक्षिप्त हो जाती हैं। यही विकार स्वभाव में मिथ्याभिमान, चिड़चिड़ापन, दुराग्रह पैदा कर देते हैं। मनुष्य में निश्चेष्ट आ जाती है। निश्चेष्ट अभिमान और निश्चेष्ट दुराग्रह मनुष्य की प्रगति में उसी तरह बाधक हो जाते हैं जिस तरह निश्चेष्ट शोक। ये निश्चेष्ट भावनाएँ मनुष्य की सबसे बड़ी शत्रु हैं।[2] निश्चेष्ट अभिमान का यह अर्थ है कि मनुष्य केवल अभिमान करता है, चेष्टा नहीं करता। जिन भावनाओं के साथ प्रयत्न नहीं रहते वे भावनाएं मनुष्य की शत्रु हैं। प्रत्येक भावना की तृप्ति के लिए प्रयत्न का होना आवश्यक है, चेष्टाहीन भावनाएं विकृत हो जाती हैं। अत्यधिक नियंत्रण से या निरन्तर असफलता से सामना करते-करते मनुष्य की रचनावृत्ति जब कुंठित हो जाती है तो वह मिथ्याभिमान के पर्दे में छिपकर बैठ जाती है।

उपयोगी काम न करके भी काम में प्रवृत्त रहना जीवन का झूठा नाटक खेलना है–एक आदमी रोज़ चौराहे पर आने-जाने वाली मोटरों को हाथ देता था। वह सिपाही नहीं था। कहीं से सिपाही की फटी वर्दी उसे मिल गई थी। उसे पहनकर वह चौराहे के बीच खड़ा हो जाता और सिपाही बनने का नाटक करता था। उसकी बड़ी इच्छा थी कि वह सिपाही

1. एकं रूपं बहुधा यः करोति, तमात्मस्थं येऽनुपश्यन्ति धीराः तेषां सुखं शाश्वतं नेतरेषाम्।
2. हीनचेष्टस्य यः शोकः स हि शत्रुर्धनञ्जयः।

बनता। वह इच्छा किसी कारण से पूरी न हो सकी। इसी से वह पागल हो गया। पागल होने के बाद भी वह इस इच्छा से छुटकारा नहीं पा सका। अब वह अपना सिपाही का नाटक करके तृप्त हो लेता है।

वह अकेला ही ऐसा पागल नहीं है। अपने आसपास हम नज़र दौड़ाएं तो हमें सैकड़ों समझदार सफेदपोश पागल इसी तरह नाटक करते दिखाई देंगे। उनके काम का उद्देश्य केवल अपने झूठे अभिमान को संतुष्ट करना होता है, कोई उपयोगी काम करना नहीं।

संग्रह अपने मिथ्याभिमान की तृप्ति के लिए होता है–आज लोग अपनी सुख-सुविधा के लिए धनोपार्जन नहीं करते बल्कि समाज में अपने को धनी-मानी बतलाने के लिए करते हैं। समाचारपत्रों और पत्रिकाओं का संचालन, संपादन जनमात्र की हितभावना से नहीं किया जाता, अपितु सार्वजनिक अभिमान की प्रतिष्ठा के लिए किया जाता है। आज हमारे सभी सामाजिक काम इस मिथ्याभिमान की प्रेरणा से हो रहे हैं। चाहिए तो यह था कि हम कुछ उपयोगी काम करके अभिमान करते, किन्तु उपयोगी काम न करके केवल अधिक से अधिक धन-संग्रह करके ही हम अपने अभिमान को तृप्त कर लेते हैं। रचनात्मक प्रवृत्ति का स्थान संग्रह-प्रवृत्ति ने ले लिया है। संग्रह बुरा काम नहीं है। किन्तु संग्रह तभी अच्छा है यदि वह नये उत्पादन में सहायक हो। जहाँ वह मनुष्य का मूल्यांकन करने का साधन बन जाए वहाँ संग्रह विनाशकारी बन जाता है। आजकल संसार संग्रह को ही जीवन की सफलता मान बैठा है। प्रचुरता ही मनुष्य के अभिमान की वस्तु रह गई है। यह अभिमान आत्मा को रोगी बना देता है।

प्रशंसा की भूख हमें कर्तव्यच्युत करती है–दूसरों की प्रशंसा से जिसकी अभिमान-भावना तृप्त होगी वह कभी सफल नहीं हो सकता। अभिमानी आदमी प्रायः दूसरों की स्तुति से तृप्त और आलोचना से विक्षिप्त होते हैं। प्रशंसा की यह भूख आजकल बड़ी विस्तृत हो गई है। अपनी स्तुति सुनकर फूलनेवाला आदमी उपयोगी कार्यों की अपेक्षा वही काम करेगा जो उसे दूसरों की प्रशंसा का पात्र बना सके। प्रशंसा की यह भूख

ही है जो हमारी गृह-देवियों को रंगमंच पर लाती है। ऐसी देवियों के लिए घर के काम-काज नीरस हो जाते हैं। घर के कार्यों में उनकी दिलचस्पी नहीं रहती। वहाँ केवल पति की प्रशंसा ही मिलती है। बाहर के काम में दुनिया की वाहवाही मिलती है। इसलिए कई घर की माताएं भी चेहरे को रंगकर और गालों पर लीपापोती करके रंगमंच पर जाती हैं। ऐसी माता कभी बच्चों का पालन-पोषण नहीं कर सकती। उसका गहन 'आत्मप्रेम' उसे अपने पुत्र और पुत्रियों के साथ स्वाभाविक व्यवहार नहीं करने देता।

अहंभावी माँ-बाप बच्चों से घृणा करने लगते हैं–मैंने अभिमान को 'आत्मप्रेम' कहा है। आत्मप्रेम, अहंभाव, आत्मरति, स्वार्थ ये सब शब्द परस्पर पर्यायवाचक हैं। यह आत्मप्रेम मनुष्य को अन्तर्मुखी बना देता है, उसका ध्यान अपनी ही तृप्ति पर केन्द्रित हो जाता है। वह केवल अपने लिए जीता है और अपने लिए ही सब काम करता है। प्रेम, दया, सहानुभूति शब्द उसके अमरकोष में नहीं रहते। ऐसा अहंभावी व्यक्ति दूसरों से तो क्या, अपनी सन्तान से भी प्रेम नहीं कर सकता, सन्तान की हितचिन्ता नहीं कर सकता, उसके लिए त्याग व तप करने की तो बात ही अलग है। कई बार ऐसे 'अहंभावी' माता-पिता अपने बच्चों से प्रेम करने के स्थान पर उनसे घृणा करने लगते हैं। बच्चों की त्रुटियां उन्हें समाज में लज्जित करने लगती हैं। एक बच्ची देखने में उतनी सुन्दर नहीं थी जितनी उसकी माँ। माँ को लड़की के साथ चलने में शर्म मालूम होती थी। ऐसी लड़की के मन में माता के लिए जो भावना जागृत होगी उसकी कल्पना पाठक स्वयं कर सकते हैं।

बच्चे के दिल में माता के प्रति विद्रोह–एक लड़का बहुत गंदा रहता था। उसकी अस्वच्छ प्रकृति का मूल निदान जानने पर मालूम पड़ा कि उसकी माता ने 'लोग क्या कहेंगे' इस बात को बहुत महत्त्व दे रखा था। अपने घर की कुर्सियों पर वह बच्चे को नहीं बैठने देती थी–इस डर से कि कहीं कुर्सियों का गिलाफ मैला न हो जाए। वह बच्चा जब मैला-कुचैला होता तो उसे अपने पास नहीं बुलाती थी। बल्कि एक दिन

उस बच्चे ने एक पड़ोसिन के सामने माता को यह भी कहते सुन लिया था कि 'यह बच्चा तो किसी चूड़ी के घर पैदा होता तो अच्छा था, जाने मेरी कोख से ही क्यों पैदा हुआ!' तभी से उस बच्चे में प्रतिहिंसा के भाव जागृत हो गए। उसने माता की आवश्यकता से अधिक स्वच्छता की भावना के प्रति विद्रोह कर दिया। वह जान-बूझकर गन्दा रहने लगा। माँ जब उसकी गन्दगी से चिढ़ती तो उसे बड़ा आनन्द आता था। माँ के मिथ्या आत्माभिमान ने बच्चे का जीवन बिगाड़ दिया। माँ का जीवन तो नष्ट हुआ ही था, बच्चे का भी हो गया।

9

सामाजिक चेतनता व्यक्तित्व को विजयी बनाती है

अहंभाव ही ईर्ष्या के बीज बोता है–यही मिथ्या 'अहंभाव' है जो हमारे मन में ईर्ष्या के विषबीज बोता है। हमारा मन सदा अपने को दूसरों की नज़रों में तोलता रहता है। किसी सुन्दर चेहरे को देखते ही हमारा ध्यान अपने चेहरे की खराबियों पर गड़ जाता है और हम अपने पर लज्जित होना शुरू कर देते हैं। किसी की सुन्दर पोशाक देखकर तुरन्त हमें अपनी बेढब पोशाक पर ग्लानि होने लगती है। हम सबकी उन्नति में अपनी हेठी और सबकी हंसी में अपना रोना अनुभव करने लगते हैं। हम अनायास दूसरों के सुख से ईर्ष्या करने लगते हैं। संभव है, उनके दिखाई देनेवाले सुखों से उनकी दुःख-भरी कथाएं बहुत लम्बी हों, किन्तु हमें यह जांचने-परखने का अवकाश ही कहाँ! हमारा 'अहंभाव' बड़ा अधीर है। वह बड़ा नाज़ुक और चंचल है। उसकी निरन्तर पूजा करके हमने उसे असहिष्णु बना दिया है।

अपने को भूलकर ही हम दुनिया के सेवक बन सकते हैं–'अहं' की पूजा करते-करते हम अपने उन कर्तव्यों को बिल्कुल भूल जाते हैं जो हमारे पड़ोसियों, अपने समाज और देश के प्रति होते हैं। हम यह

भूल जाते हैं कि हमारा जीवन अनेक शक्तियों का ऋणी है, और हम दूसरों के साथ समन्वय किए बिना एक क्षण भी जीवित नहीं रह सकते। हम यह स्मरण नहीं रखते कि जो अग्नि में है, जल में है, सम्पूर्ण विश्व में है, वही हमारे अन्दर भी है। हम भी उसी विराट् प्राण के अंश हैं। हम उसी के अमृत पुत्र हैं। दिव्य लोकों में जो रहता है वही हमारे शरीर में रहता है।[1] बल्कि जो सर्वव्यापक है वही हम हैं। इस विराट् विश्व की आत्मा से हमारी आत्मा भिन्न नहीं है। सूफी ने ठीक कहा था–

ग़ायब जो हो खुदा से आलम है उसको हूका,
अनानीयत है जिसमें–मौक़ा नहीं है तू का।

जो मनुष्य सब प्राणियों से आत्मभावना रखता है वही उत्तम है[2]–वही संसार के साथ चल सकता है। अपनी संकीर्ण भावनाओं में रमनेवाला आदमी सफल नहीं होगा। इसलिए हमें आत्मप्रिय न होकर आत्मविस्मृत और परप्रिय होना उचित है। अपने को भूलकर ही हम परप्रिय हो सकते हैं। तभी हम दूसरों की बातों में दिलचस्पी लेंगे, दूसरों की बातें सुनेंगे। अपनी चिन्ताओं से ही जिसे अवकाश नहीं, वह संसार का सौंदर्य क्या देखेगा? उषाकाल की अरुणाई, रवि की सुनहरी आभा, चिड़ियों की चहक, कोयल की कूक, चन्द्रमा की शीतल किरणें, बादलों की सवारी, सावन की लहराती हवा उसके लिए कोई सन्देश नहीं लाएगी। वर्षा से धुले आकाश में जब चांद तारों से खेलता होगा, तो वह अपने दामन में मुँह छिपाकर अपनी चिन्ता में व्यस्त होगा।

अहंवादी व्यक्ति की यही पुकार रहती है : 'मैं दुनिया में अकेला हूँ'–ऐसे स्वार्थपरायण जीवन का कोई उद्देश्य नहीं हो सकता। लक्ष्य अपने

---

1. यो देवोऽग्नौ, योऽप्सु, यो विश्वम्भुवनमाविवेश।
   यो ओषधीषु यो वनस्पतिषु तस्मै देवाय नमो नमः।
   शृण्वन्तु विश्वे अमृतस्य पुत्रः आ ये दिव्या धामानि तस्थुः।
2. सर्वभूतेषु यः पश्येद् भागवद्भावमात्मनः।
   भूतानि भवयत्यात्मन्यसौ भगवतोत्तमाः।

से बाहर दूर की ही वस्तु का हो सकता है। स्वार्थी पुरुष अपने से बाहर कुछ नहीं देखता। उसे सुख के अतिरिक्त कुछ दिखता ही नहीं। अपने को वह दुनिया से इतना अलग ही नहीं कर लेता—सबको अपना शत्रु भी समझने लगता है। अपने स्वार्थ की गहराई में वह दुनिया-भर के संशय और भय भर लेता है। वह अपना मन किसी के सामने नहीं खोलता। उसके धुएं से उसकी आत्मा भरी रहती है। वह किसी के हृदय में प्रेम के बीज नहीं बोता और न ही कृतज्ञता-भरे मन से किसी के प्रेम का उत्तर देता है। प्रेम का उत्तर वह सदा द्वेष से देता है। और इस कारण जब दूसरे लोग उससे मेल-जोल रखना बन्द कर देते हैं तो वह चिल्ला-चिल्लाकर कहता है, 'मैं दुनिया में अकेला हूँ।' जिनका मन केवल अपनी परिधि में ही चक्कर काटा करता है, वे हर समय अपनी नब्ज़ पर हाथ रखकर अपने स्वास्थ्य की चिन्ता किया करते हैं। वे अपने ही दिल की धड़कन सुना करते और पेट की मांसपेशियों पर ध्यानावस्थित रहते हैं। यह भी एक तरह का मानसिक रोग है।

दूसरों के सुख-दुःख के समभागी बनिए—सामाजिक चेतनता के जाग्रत होने की पहली शर्त यह है कि आप यह बात अच्छी तरह समझ लें कि आपके जीवन का प्रयोजन केवल अपने मनोरथों की सिद्धि करना नहीं है। आप अनिवार्य रूप से सामाजिक प्राणी हैं। दूसरों के सुख-दुःख में भाग लेते हुए ही आपको जीना है। एक बार यह चेतनता जागृत होने के बाद आपका दृष्टिकोण सर्वथा बदल जाएगा। आपकी दिलचस्पी सार्वजनिक हित के कामों में होगी। आप केवल मनोरंजक उपन्यासों में समय नष्ट न करके सामाजिक समस्याओं को सुलझाने के विषय की पुस्तकें पढ़ना शुरू कर देंगे। आपको यह चिन्ता होने लगेगी कि अशिक्षितों को शिक्षित किस तरह बनाया जाए, रोगियों की चिकित्सा का प्रबन्ध कैसे किया जाए और लोगों का दुःख-दारिद्रय दूर करने का अच्छा उपाय कौन-सा है?

संवेदना के आंसुओं से मन का पाप धुल जाता है और आत्मा निर्मल होती है—इस चिन्ता के जागृत होते ही आपकी इच्छा होगी कि

आप इन समस्याओं का स्वयं अध्ययन करें। अध्ययन बिना निरीक्षण के नहीं होता है। निरीक्षण के लिए आपको गरीबों, अनपढ़ लोगों और बीमारों में जाना पड़ेगा। उनसे मिलकर आप उन्हें सान्त्वना देंगे। उनके दुःख की बात सुनकर आंसू बहाएंगे। इन आंसुओं से आपकी आत्मा की मलिनता धुल जाएगी। आपकी आँखों की दृष्टि विमल हो जाएगी।

अपने से गरीब लोगों में जाकर आपको अनुभव होगा कि ईश्वर के वरद पुत्रों को अधिक उदार होने की आवश्यकता है। लाखों का दुर्भाग्य थोड़े-से लोगों की उदारता से सौभाग्य में बदल सकता है। आप देखेंगे कि किस तरह कुछ लोग चुपचाप जीवन की असह्य यन्त्रणाओं को बर्दाश्त कर रहे हैं; बलिदान केवल ऊंचे ध्येय के लिए बड़ी-बड़ी विज्ञप्तियों के साथ नहीं किया जाता; छोटी-छोटी बातों में भी मौन रहकर कितना समर्पण किया जा सकता है! उस समय आपको यह सोचकर पश्चात्ताप होगा कि जब आप बड़ी आसानी से किसी के मन का भार हल्का कर सकते थे, तन पर वस्त्र देने की सुविधा कर सकते थे, किसी को अन्न के एक-एक दाने के लिए तरसते हुए प्राण छोड़ने से बचा सकते थे, उस समय आप केवल अपने आंचल में मुंह छिपाकर क्यों बैठे रहे? वह समय आपने अपने निरर्थक मनोरंजन में बिताया, अपने लाखों के कोष में थोड़ी-सी और वृद्धि करने का सन्तोष पाने में खर्च कर दिया।

सच्चरित्र होने का प्रयोजन चरित्र-निर्माण नहीं, बल्कि सामाजिक कल्याण है–चरित्र ऐसा वृक्ष है जिसकी जड़ें अवश्य मनुष्य के अपने व्यक्तित्व में गड़ी होती हैं किन्तु जिसका विकास समाज के खुले आकाश में होता है, जिसकी शाखाएं दुनिया की खुली हवा में फैलती हैं और जिसके फल दुनिया के दूसरे लोग खाते हैं। चरित्र वह जलधारा है जो व्यक्तित्व के गर्भ से निकलकर पृथ्वी पर फैली हुई क्यारियों को सींचती हुई विश्व के विशाल सागर में लुप्त हो जाती है। चरित्र की स्थिति मनुष्य के व्यक्तित्व में ही है किन्तु उसका लक्ष्य सामाजिक कल्याण ही है।

मेरा विश्वास है कि पर्वत की एकान्त गुफा में बैठकर कोई व्यक्ति चरित्र-निर्माण नहीं कर सकता। दुनिया से दूर आध्यात्मिक आश्रमों के

दुर्ग में भी चरित्र की शिक्षा नहीं दी जा सकती। सामाजिक चेतनाशून्य आत्मा हमारी प्रवृत्तियों का नेतृत्व कभी नहीं कर सकती। यह अहंभाव चरित्र का शत्रु है। यह स्वार्थपरता मनुष्य के मन और शरीर दोनों को अस्वस्थ बना देती है।

पर-सेवा मनुष्य के किसी भी स्थिर आदर्श की प्रतीक है–दूसरों को सहायता देनेवाले को एक दिव्य संतोष और सुख मिलता है। उसके शरीर में स्फूर्ति आ जाती है, वाणी में निश्चयात्मक भावना और स्पष्टता समा जाती है। उसकी चेष्टाएं एक स्थिर आदर्श का संकेत करती हैं, उसकी हँसी में भी गम्भीरता की अस्पष्ट-सी झलक दिखाई देती है।

उनके चेहरे पर संसार के सुख-दुःख, छाया-प्रकाशमय जीवन का सच्चा चित्र खिंच जाता है, जीवन का सम्पूर्ण सौंदर्य उसके दिल पर आइने की तरह चित्रित हो जाता है।

निःस्वार्थ, निरभिमान व्यक्ति सबका प्रिय हो जाता है।[1] उसे सब लोग अपने सुख का भागी बनाना चाहते हैं। उसकी सम्मति पूछते हैं और सम्मति का सम्मान करते हैं। जब वह घर से बाहर जाता है तो सब लोग उसे बुलाते हैं, उसका स्वागत करते हैं।

स्वार्थी से सब डरते हैं। वह कभी रास्ते में पड़ जाए तो बचकर निकल जाते हैं। उसके बुलाने पर भी लोग नहीं जाते। उसकी सम्मति कोई नहीं पूछता। वह एक बहिष्कृत व्यक्ति के समान अकेला जीता है।

आप इनमें से कौन-सा व्यक्ति बनना चाहते हैं?

सौभाग्य से ऐसे मनुष्यों की कमी नहीं जो जीवन के मार्ग में सहायता का हाथ बढ़ाते हुए आगे बढ़ना चाहते हैं और जो उपयोगी कार्य करके अपने जीवन को सुखी-समृद्ध बनाना चाहते हैं, किंतु बहुत लोग यह समझते हैं कि परहित-चिंतन केवल बड़े कार्यों में होता है। उनको यह भ्रम होता है कि सामाजिक चेतना का अभिप्राय केवल सार्वजनिक संस्थाओं में कार्य करने या सार्वजनिक सभाओं में व्याख्यान देने से है।

---

1. मानं हित्वा प्रियो भवति।–महाभारत

सामाजिक चेतना से प्रेरित कामों में बड़े-छोटे का भेद नहीं होता। अल्प-अधिक की तुलना भी नहीं होती।

छोटे प्रारंभ ही महान फल को जन्म देते हैं, कर्म का नाश नहीं होता–एक बार मेरे एक मित्र ने महात्मा गांधी के पास पत्र लिखते हुए यह संशय प्रकट किया था कि आप सबको सूत कातने का उपदेश देते हैं। मैं मज़दूर आदमी हूँ। दिन-रात पसीना बहाकर पेट पालता हूँ। मेरे पास इतना थोड़ा समय बचता है कठिनाई से 2-4 गज़ ही सूत कात सकूँगा। मेरा 2-4 गज़ सूत किस तरह भारत की स्वाधीनता-विजय में उपयोगी हो सकता है, यह मुझे समझ नहीं आता। इतने थोड़े काम की व्यर्थता जानकर मैंने सूत कातने का इरादा छोड़ दिया है। क्या मैंने बुरा किया?

महात्माजी ने इस पत्र के उत्तर में गीता का एक श्लोक लिखकर भेजा था, जिसका अर्थ यह था कि इस जीवन में किसी भी कर्म का नाश नहीं होता, किसी भी प्रयत्न की दुर्गति नहीं होती। कर्तव्य कार्य का थोड़ा अनुष्ठान भी मनुष्य को अधर्म या अकर्तव्य के महान् भय से दूर कर देता है।[1]

छोटे कामों की प्रशंसा में एक अंग्रेज़ी कवि ने बहुत अच्छी पंक्तियां लिखी हैं, जिनका आशय यह है–

छोटे प्रारम्भ में ही महानता छिपी होती है। छोटे काम का आधार यदि विश्वासपूर्ण हृदय और अनथक बुद्धिपूर्वक परिश्रम है, तो भविष्य अवश्य उज्ज्वल होगा।[2]

अंग्रेज़ी कवि वर्ड्सवर्थ की इस पंक्ति में, कि 'मनोयोग से किया छोटे से छोटा काम भी सच्ची सेवा का स्वरूप है'[3], भी एक बड़ा सत्य निहित है।

---

1. नेहाभिक्रमनाशोऽस्ति प्रत्यवायो न विद्यते।
   स्वल्पमप्यस्य धर्मस्य त्रायते महतो भयात्।।–गीता
2. O, small beginnings, you are great and strong,
   Based on faithful heart and weariless brain,
   You build the future fair, you conquer wrong,
   You earn the crown and wear it not in vain.
3. Small service is true service while it lasts.

मनुष्य का बड़प्पन छोटे कामों से ही जाना जाता है–हमें छोटे-छोटे कामों में ही स्वार्थ-भावना को छोड़कर परार्थ की भावना बनानी चाहिए अच्छे काम का प्रारम्भ अपने निकट से ही किया जा सकता है, दूर जाने की ज़रूरत नहीं; न ही पात्र-अपात्र को परखने की ज़रूरत है। सच्चा दानी वही है जो योग्य को नहीं बल्कि ज़रूरतमंद को दे। जिसका मन उदारता, सेवा, दया आदि गुणों से भरपूर होगा, वह बादल की तरह छोटे-बड़े ताल, सूखी-हरी पृथ्वी या ऊंची-नीची ज़मीन, सभी जगह अपनी उदारता की वर्षा करेगा। वह हर कदम पर और हर मिनट बिना सोचे परहित में कार्य करेगा। मनुष्य का बड़प्पन उसके छोटे कामों से ही जांचा जाता है। दैनिक कार्यों में ही मनुष्य बड़े काम कर सकता है। मैं यहाँ ऐसे थोड़े-से काम लिखता हूँ जिन्हें आप अनायास कर सकते हैं और जिनसे दूसरों की सहायता कर सकते हैं।

सुबह का अखबार पढ़कर किसी ऐसे आदमी को दे दीजिए, जिसके पास अखबार खरीदने के पैसे न हों, अथवा किसी अस्पताल के रोगियों में बाँटने के लिए किसी संस्था को दे दीजिए। किसी अनपढ़ व्यक्ति की चिट्ठी लिखने का काम दिन में एक बार अवश्य कीजिए। किसी वृद्ध को सड़क पर लड़खड़ाकर चलता देखें तो उसे सहारा देकर उसका काम करवा दें। आप अच्छा गा सकते हैं या बजा सकते हैं, तो कभी उन गरीबों को गाना सुनाइए जो न फ़िल्म देख सकते हैं, न रेडियो रख सकते हैं। पड़ोस में कोई अजनबी आदमी अकेला रहता हो तो उसे कभी-कभी चाय पर बुलाइए। सप्ताह में एक बार अस्पताल जाकर बीमारों का हाल पूछिए। कोई बीमार संदेश देना चाहता है तो उसके सम्बन्धियों तक वह संदेश पहुंचा दीजिए। आपके आसपास सैकड़ों अनपढ़ रहते हैं, उन्हें अच्छे नागरिक बनने का सबक दीजिए। यदि आप गाड़ी में प्रवेश कर रहे हैं तो किसी वृद्ध या असमर्थ आदमी को अपने से पहले जाने का अवसर दीजिए। स्त्रियां शरीर से कमज़ोर होती हैं। उन्हें रियायत करना आपका कर्तव्य है। अपने नौकर के साथ भी सभ्यता का व्यवहार करना चाहिए। वह भी उसी समाज का अंग है जिसके आप हैं।

यदि आप में सामाजिक चेतना जागरित नहीं हुई है, तो आप सभ्य और शिष्ट नहीं हो सकते। तब आप उन अनपढ़ गंवारों से भी गए-बीते हैं जो विनम्र हैं। जो शिक्षा विनय नहीं सिखाती, वह शिक्षा नहीं है। विद्या मनुष्य को विनय सिखाती है। सभ्य और असभ्य में यही अन्तर है कि सभ्य व्यक्तियों में दूसरों का हित देखने की बुद्धि होती है; असभ्य या जंगली आदमी अथवा पशु में केवल अपना स्वार्थ देखने की। इसी सामाजिक गुण का दूसरा नाम मनुष्यता है। जिस मनुष्य में यही नहीं, वह मनुष्य नहीं पशु है।

शिष्टाचार का आधार दूसरों को सुख देना है—शिष्टाचार का प्रदर्शन केवल हाथ मिलाने या जोड़ने में नहीं होता, अथवा डिनर टेबल पर बैठने-खाने के ढंग में, या पोशाक के चुनाव में नहीं होता। ये बाह्य चिह्न तो अन्दर की सद्भावना के सांकेतिक चिह्न हैं। शिष्टाचार का आधार दूसरे को सुख-सुविधा देना ही है। अपनी सहूलियत का ख्याल छोड़कर दूसरे की भावनाओं का सम्मान करना ही शिष्टता है। सभ्य वही है जो दूसरों की भावना का आदर करता है, उसे हीनता अनुभव नहीं होने देता, उसके उत्कर्ष के लिए और उसकी सुख-सुविधा के हेतु अपने स्वार्थों की बलि दे देता है।

स्वार्थान्ध व्यक्ति यह कुर्बानी नहीं करेगा। शिष्टता व उदारता का आडम्बर करना आसान है, किन्तु सचमुच उदार होना कठिन है। जो लोग सामाजिकता का आडम्बर करते हैं वे दुनिया को ठगना चाहते हैं। वे पाखंडी, बेईमान और असभ्य हैं। कुछ लोग नम्रता का पाखंड करते हैं। झुककर दोनों हाथों से प्रणाम करनेवाले बहुत-से ऐसे हैं जो उन्हीं हाथों से दूसरे दिन अपने स्वार्थ के लिए खून करने से नहीं हिचकेंगे। उन्हें पाखंडी कहा जाता है। उनके होठों पर मुस्कान होगी—पर हाथ खून से रंगे होंगे। उदारता के पाखंडी एक हाथ से गरीबों का गला काटकर धन जोड़ेंगे और थोड़ा-थोड़ा दान देकर महादानी बन जाएंगे। ये लोग चोर-बाज़ारी से लाखों रुपया कमाएंगे, पर दो-चार सौ की भेंट सार्वजनिक कार्यों में देकर नाम कमा लेंगे। यह दान झूठा दान है। यह उदारता थोथी उदारता है। यह धोखा

है, फरेब है, चरित्र निर्माण के मार्ग में भारी रुकावट है। चरित्र की सबसे पहली शर्त सच्चाई है; आडम्बरपूर्ण व्यक्ति कभी सच्चा नहीं हो सकता।

सच्ची प्रशंसा आत्मविश्वास का कारण बनती है–प्रशंसा से अहंभाव पैदा होता है, किन्तु सच्ची प्रशंसा ही आत्मसम्मान और आत्मविश्वास को पैदा करती है। मनुष्य के जीवन में प्रशंसा पाने और देने का बड़ा महत्त्व है। बहुत बार प्रशंसा का अभाव ही मनुष्य में हीन भावना की उत्पत्ति का कारण बन जाता है। जिसे प्रशंसात्मक शब्द सुनने को नहीं मिलेंगे, उसका उत्साह ठंडा पड़ जाएगा और कोई भी काम लगन के साथ करने की प्रेरणा खत्म हो जाएगी। उसका आत्मसम्मान टूट जाएगा, और आत्मविश्वास की रस्सी कमज़ोर होती जाएगी।

बच्चों को उनका व्यक्तित्व पनपने के लिए प्रशंसात्मक शब्दों की बहुत आवश्यकता है। अपने अभिभावकों द्वारा उसे अपनी रचनाओं पर प्रशंसा मिलती रहेगी तभी वह अपनी शक्तियों का विकास करेगा। माँ-बाप की उदासीनता बच्चे को निष्क्रिय बना देती है। बच्चों को अच्छे कार्यों में प्रवृत्त करना या उत्साहित करना पर्याप्त नहीं है। उन्हें उनकी उन्नति पर प्रशंसा भी मिलनी चाहिए। धन-प्राप्ति प्रत्येक कार्य का उद्देश्य नहीं होती। धन की प्रेरणा अवश्य आवश्यक प्रेरणा है, किन्तु आत्मतुष्टि उससे भी बड़ी प्रेरणा है। योग्य माता-पिता बच्चे को हर कदम पर प्रशंसा द्वारा उत्साहित करते हैं। प्रशंसा बच्चे में आत्मविश्वास की भावना को जगा देती है। कई बार बच्चे अचानक दुर्घटना से इतने भयभीत हो जाते हैं कि कोई नया प्रयास नहीं करते। अपने प्रथम प्रयास में निराशा होने पर भी व अपने प्रयास को निरन्तर चालू नहीं रखते। मेरे एक मित्र का बच्चा एक दिन नौ महीने की अवस्था में ज़ीने से गिर पड़ा था। उसके बाद उसने चलने के कई प्रयत्न किए, किन्तु पांच वर्ष की अवस्था तक भी वह पैदल नहीं चल सका। उसके माँ-बाप बड़े निराश थे। उन्होंने मुझे कहा कि 'हम उसे समझाते-बुझाते, डराते-धमकाते और मारते-पीटते भी हैं लेकिन वह अपनी आदत से बाज़ नहीं आता।' वे यह समझते थे कि बच्चे को बैठे रहने की आदत ऐसी पड़ गई है कि अब वह चलने का यत्न नहीं करता।

दोष उसकी आदत का नहीं, माँ-बाप के स्वभाव का था। मैंने उसके माँ-बाप को समझाया कि 'इस अवस्था में उसे पीटना, डराना या धमकाना निरी मूर्खता है। इस तरह तो कभी भी नहीं चलेगा। एक बार गिरकर वह अपना आत्मविश्वास गवां बैठा है; अब दूसरों को देखकर भागने-दौड़ने की कोशिश करता है तो गिर पड़ता है। तुम उसकी कोशिश पर प्रशंसा करने के स्थान पर उसकी नाकामयाबी पर डराना-धमकाना शुरू कर देते हो। केवल प्रशंसा द्वारा ही तुम उसका खोया हुआ आत्मविश्वास वापस ला सकते हो, अन्यथा वह कभी चलने का परिश्रम नहीं करेगा।' मेरे कहने पर माँ-बाप ने बच्चे के प्रति अपना रुख बदल लिया। तब छः महीने के अन्दर ही बच्चा पैदल चलने लग गया। प्रशंसा के दो शब्द मनुष्य के जीवन में किस तरह परिवर्तन कर देते हैं—इसका एक उदाहरण श्री ललिताशंकर अवस्थी के जीवन की घटना से मिलता है, जो आपने एक आपबीती में लिखकर भेजी थी। उन्होंने लिखा था :

"जब मैं दस वर्ष का था तो मेरे जीवन में एक ऐसी घटना घटी जो आज भी मेरे मन पर वैसी ही अंकित है। पूरे साठ वर्षों का व्यवधान भी उस छाप को मिटाने या धुंधला करने में समर्थ नहीं हो सका! बचपन में मैं बड़ा शैतान था; हर चीज़ को तोड़-फोड़ डालता था और उसके लिए माताजी के हाथों पिटता भी था। परन्तु पिताजी ने मुझे कभी नहीं मारा था। एक दिन पिताजी को चश्मे की ज़रूरत पड़ी। उन्होंने मुझसे कहा, 'लालू बेटा, ज़रा पढ़ने-लिखने के कमरे से चश्मा तो ले आ।' मैं दौड़ा हुआ गया। चश्मा उठाकर अपनी नाक पर रख लिया और फुर्ती से कमरे की ओर लपका। रास्ते में चश्मा मेरी नाक पर से गिरा और उसके दोनों कांच पत्थर के फर्श पर गिरकर चकनाचूर हो गए। मेरे देवता कूच कर गए। हाथ-पाँव फूल गए। वहीं बैठ गया और मारे डर के फूट-फूटकर रोने लगा। पिताजी ने रोना सुना तो दौड़े आए। उन्हें सामने देखकर मैं और ज़ोर से रोने लगा। पिताजी ने मेरा हाथ पकड़ लिया और प्रेम से बोले, 'बेटा! जो हो गया सो हो गया। उसमें तेरा क्या कसूर! वह तो होना ही था।' उसी समय माताजी भी आ गईं, पिताजी से बोलीं, 'यह

बड़ा बेपरवाह, बेसमझ लड़का है। तुम इसे यों ही सिर चढ़ाते हो।' पिताजी ने शांति से उत्तर दिया, 'तुम नाहक इसे फटकारती हो। असावधानी किससे नहीं हो जाती! मेरा बेटा बहुत ही समझदार है। इतने अच्छे काम करके आता है—तो एक काम में भूल हो गई तो क्या हुआ! दस काम संवारेगा तो एक बिगड़ेगा भी।' ज़िन्दगी में वह पहला मौका था जब मुझे असावधानी करने पर भी प्रशंसा के शब्द सुनने को मिले। उस घटना ने मेरे जीवन में ज़बर्दस्त परिवर्तन कर दिया। पिताजी की प्रशंसा पर पूरा उतरने का मुझे हर समय ध्यान रहता। उस दिन के बाद मैंने कोई चीज़ नहीं तोड़ी, काम में कभी असावधानी नहीं की।''

यदि हम दूसरों के गुणों की प्रशंसा करें तो निश्चय ही अपना वातावरण आनन्दमय बना सकते हैं। आलोचना के लिए तो हम इतने उतावले हो जाते हैं कि एक क्षण भी धैर्य धारण नहीं कर सकते। और प्रशंसा में इतने कंजूस हो जाते हैं कि ढूंढने पर शब्द नहीं मिलते। समय की भी कमी हो जाती है। हमारी पत्रिकाएं, हमारी बातचीत सदा आलोचनात्मक ही रहती हैं। प्रशंसा के लिए हम चुप्पी साध जाते हैं। विश्ववन्द्य महात्माओं की प्रशंसा करना विशेष महत्त्व नहीं रखता। निकट के लोगों की प्रशंसा ही अधिक उपयोगी है। अपने घरेलू जीवन में हमें इसकी सबसे बड़ी आवश्यकता है। पत्नी पति के लिए कुछ भी करे, पति इस बात की आवश्यकता कभी अनुभव ही नहीं करता कि प्रशंसा का एक शब्द भी कहे। प्रशंसा का एक शब्द हमारे दाम्पत्य जीवन को सरस बना सकता है। नौकर के कार्य की प्रशंसा करके मालिक नौकर से दुगुना काम ले सकता है। कलाकार तो जीते ही प्रशंसा पर हैं। चित्रकार, लेखक, कवि, नाट्यकार सभी प्रशंसा चाहते हैं। कवि को यदि कवि-सम्मेलन में दाद न मिले तो उसकी ज़बान बन्द हो जाती है। व्याख्याता को श्रोताओं की करतल-ध्वनि न मिले तो वह लड़खड़ा जाता है। एक व्याख्याता को सिर हिलाकर श्रोताओं से सहमति लेने का अभ्यास था। यह सहमति मिल जाती थी। एक दिन किसी मसखरे ने सहमतिसूचक इशारे के स्थान पर असहमति-सूचक सिर हिला दिया। व्याख्याता उसके आगे

एक शब्द भी न बोल सका। उसकी व्याख्यान-धारा असहमति की चट्टान से टकराकर रुक गई।

जनता की प्रशंसा ही नेताओं से देश-सेवा का काम ले सकती है। देशभक्त नौजवान फांसी को फूलों की सेज समझकर हंसते-हंसते उस पर झूल जाते हैं। क्यों? क्योंकि उन्हें जनता की श्रद्धा मिलती है। अपराधी आदमी उसी सूली पर कदम रखने से पहले ही मर जाता है। यह भेद केवल इसलिए है कि 'देशसेवक' को जनता की सराहना मिलती है।

स्तुति-गान से ईश्वर भी प्रसन्न होता है। ईश्वर की प्रसन्नता ही मनुष्य के चरित्र का आधार है। ईश्वर को प्रसन्न करके ही मनुष्य विकास कर सकता है।

10

प्रेम आत्मा का प्रकाश है

प्रेम और चरित्र–अपनी स्वाभाविक शक्तियों की ऐसी व्यवस्था करना, जो हमें अभ्युदय के मार्ग पर ले जाए, ही चरित्र-निर्माण करना है। इस व्यवस्था के लिए मनुष्य में सच्चे नेतृत्व के जो गुण होने चाहिए वे गुण मनुष्य में तभी आ सकते हैं जब वह अपने को पहचाने। अपने स्वरूप को पहचानने में उसका अत्यधिक दीनभाव और अहंभाव बाधक है। अतिशय दीनता और अतिशय अहंकार–दोनों पर्दों में आत्मा का सच्चा स्वरूप, आत्मा की ज्योति छिपी रहती है। उस ज्योति के प्रकाश से ही मनुष्य उत्कृष्ट मनुष्य बनता है, मनुष्य देवता बनता है। वह ज्योति प्रेम है। प्रेम आत्मा का प्रकाश है। प्रेम ही जीवन की सर्वोच्च प्रेरणा है। सब प्रेरणाएं अन्धी हैं और मनुष्य को विनाश के मार्ग पर ले जाने वाली हैं। प्रेम-प्रेरित कर्म ही संसार की रचना करते हैं, जीवन को समृद्ध बनाते हैं और हमें अपने परम ध्येय के निकट ले जाते हैं।

'प्रेम', इस दो अक्षर के शब्द का जितना व्यापक दुरूपयोग हमारे जीवन में होता है उतना किसी दूसरे शब्द का नहीं होता। ईश्वर के ऊंचे

दिव्य प्रेम से लेकर अधम से अधम लौकिक प्रेम तक की प्रत्येक प्रेरणा को 'प्रेम शब्द से व्यक्त किया जाता है, किन्तु बहुत कम लोग ऐसे हैं जो 'प्रेम' शब्द का व्यवहार करते हुए उसका सच्चा अर्थ जानते हैं।

प्रेम का लक्ष्य केवल प्रेम की प्राप्ति है–मैं अहंभाव या स्वार्थभाव से विपरीत भाव को प्रेमभाव मानता हूँ। 'अहम्' या 'स्व' के लिए मनुष्य जो कुछ करता है वह स्वार्थ होता है। साधारणतया हमारी सब प्रेरणाओं का आधार स्वार्थ ही होता है। अपनी भूख मिटाने, अपनी रक्षा करने और अपने विस्तार के लिए हम सारे काम करते हैं। किसी भी काम को करने से पहले हम यह देखते हैं कि अंततः इसका नतीजा हमारे हक में कैसा होगा। हमारी स्वार्थपूर्ति होती है तो हम उस काम को करते हैं, अन्यथा नहीं करते। इस तरह फल की आकांक्षा से ही हमारे सब कामों का प्रारम्भ होता है। हमारा हर काम सौदे की भावना से शुरू होता है। सौदा लेने-देने को कहते हैं। मेहनत करने का अर्थ है अपने हिस्से में से दूसरे को देना। जब हम किसी को कुछ देते हैं तो बदले में कुछ लेने के लिए ही देते हैं। हमारी हर मेहनत उसका पुरस्कार पाने के लिए होती है। यह लेन-देन ही जीवन का साधारण नियम है। किन्तु प्रेम इससे भिन्न है। प्रेम में यह सौदा नहीं होता। प्रेम में केवल देना ही देना है। वह कुछ पाने की आकांक्षा से नहीं दिया जाता, बल्कि देने के लिए ही दिया जाता है। इसीलिए प्रेम-प्रेरित कर्म बिना किसी स्वार्थमयी आकांक्षा के किए जाते हैं।

प्रेम पुरस्कार नहीं चाहता, बदला नहीं चाहता। प्रेम की यही परख है। प्रेम दान करता है तो प्रेम ही; और प्रतिदान लेता है तो केवल प्रेम ही। प्रेम की पूर्ति प्रेम में ही है। प्रेम का लक्ष्य प्रेम ही है। स्वतः कृतार्थ होने के अतिरिक्त प्रेम का कोई उद्देश्य नहीं होता।

प्रेम-प्रेरित कर्मों में युक्त होना ही निष्काम कर्म का रहस्य है–प्रेम करनेवाला ही सच्चा कर्मयोगी बन सकता है। केवल प्रेम की प्रेरणा से काम करने का अर्थ है फल की कामना छोड़कर कार्य में प्रवृत्त होना। यही उस निष्काम कर्म का रहस्य है जिसका भगवान् कृष्ण ने अर्जुन को गीता में उपदेश दिया था–

कर्मण्येवाधिकारस्ते मा फलेषु कदाचन।
मा कर्मफलहेतुर्भूर्मा ते सङ्गोऽस्त्वकर्मणि।।–गीता

कर्म-फल की इच्छा छोड़कर काम करना ही प्रेम से काम करना है। साधारणतया यह समझ में नहीं आता कि फल की कामना किए बिना कर्म कैसे किया जा सकता है। जो मनुष्य प्रेम करता है वही इसका अर्थ समझ सकता है। प्रेम के बिना कोई काम पूर्णतया नहीं किया जा सकता। दुनिया के जितने बड़े काम हुए हैं, सब प्रेम से हुए हैं, पुरस्कार की इच्छा से नहीं।

प्रेम की परिधि सम्पूर्ण विश्व–प्रेम का क्षेत्र जितना विस्तृत होता जाएगा, मनुष्य का व्यक्तित्व भी उतना ही विस्तृत होता जाएगा। जब हम जितना प्रेम अपने को करते हैं उतना ही प्रगाढ़ प्रेम दूसरे को करने लगें तभी हम दूसरे से सच्चा प्रेम करते हैं। प्रायः होता यह है कि हम प्रेम तो अपने को ही करते हैं, किन्तु दूसरे में थोड़ा-बहुत दिलचस्पी ही लेते हैं या जब अपने से अवकाश मिलता है और अपने स्वार्थ में कोई क्षति न पहुँचने का भरोसा होता है तब अपने से अन्य को प्रेम करने लगते हैं। प्रेम का यह प्रकाश अपने केन्द्र से दूर जाते हुए क्षीण होता जाता है, यहाँ तक कि कुछ दूर जाकर वह घृणा के अंधकार में लीन हो जाता है। हमारे प्रेम का प्रकाश कितनी दूर जा सकता है, यह हमारी आत्मा की ज्योति के तीव्र या माध्यम होने पर निर्भर करता है। इनमें से कुछ हैं जो केवल अपनी संतान तक ही प्रेम का प्रकाश डाल सकते हैं। कुछ ऐसे हैं जिनकी परिधि मित्रों, पड़ोसियों अथवा अन्य जान-पहचान वालों तक फैल सकती है। कुछ महापुरुष अपने देशवासियों तक अपने प्रेम की ज्योति को पहुँचा सकते हैं। वे अपने देश को प्रेम करते हैं, देशवासियों को प्रेम करते हैं, किन्तु अन्य देशों से घृणा करते हैं। इससे भी ऊँचे वे हैं जो मानव-मात्र से प्रेम करते हैं। वे सारी दुनिया को उतना प्रेम करते हैं जितना सर्वसाधारण अपने को करता है। हमारे ग्रंथों में इसलिए सब प्राणियों को आत्मवत् जानने का उपदेश दिया गया है।[1]

---

1. आत्मानं सर्वभूतेषु सर्वभूतानि चात्मनि।
ईष्यते योगयुक्तात्मा सर्वत्र समदर्शनः।।–गीता

बाइबल में इसी प्रेम की चर्चा करते हुए कहा है कि हमें एक-दूसरे से प्रेम करना चाहिए, क्योंकि प्रेम ही ईश्वर है। जो प्रेम करता है वही ईश्वर को जानता है, जो प्रेम नहीं करता वह ईश्वर को नहीं जानता।[1]

मनुष्य-प्रेम भी ईश्वर प्रेम की छाया है–प्रेम की प्रेरणा से काम करना ही ईश्वर की प्रेरणा से काम करना है। प्रेम करना ईश्वर का काम करना है। अपने स्वार्थ की चिन्ता छोड़कर प्रेम के हाथ में अपनी नाव छोड़ देना, प्रेम की लहरों में जीवन को बहने देना, ईश्वर के हाथ में अपने को सौंप देना है।

फारस के कवि खलील जिब्रान के शब्दों में, ''जब प्रेम तुम्हें बुलाने का संकेत करे तो तुम बिना संकेत उसके अनुचर हो जाओ, भले ही उस की राह विकट, पथरीली और ढालू हो। जब उसके पंख तुम्हें ढांपने के लिए फैलें तो सिमटकर उनमें समा जाओ, भले ही उनके काँटों से तुम्हारा शरीर छलनी-छलनी हो जाए।''

संसार से प्रेम करना ही ईश्वर से प्रेम करना है–सच्चा प्रेमी वही है जो ईश्वर की सृष्टि से प्रेम करता है। वह ईश्वर-प्रेम है। सम्पूर्ण जगत् में वही बसा हुआ है।[2] उससे प्रेम करके ही हम ईश्वर से प्रेम कर सकते हैं। किसी सूफी कवि ने इसे बड़े अच्छे शब्दों में कहा है–कोई भी मनुष्य प्रेम की भावना से रिक्त नहीं है, वह प्रेम मनुष्य-प्रेम हो या ईश्वर-प्रेम। मनुष्य-प्रेम में भी ईश्वर-प्रेम की ही छाया है। मनुष्य-प्रेम की ज्योति ही ईश्वर-प्रेम के रास्ते को प्रकाशित करती है।[3]

प्रेम-मार्ग के काँटे भी फूल बन जाते हैं–प्रेम का यह मार्ग ही जीवन का सच्चा मार्ग है, किन्तु इस मार्ग में काँटे बिछे हैं। प्रेमी मनुष्य उन काँटों

---

1. Beloved, let us love one another, for love is God and everyone that loveth is born of God and knoweth God. He that loveth not knoweth not God, for God is love. (Bible)
2. ईशावास्यमिदं सर्वम्।
3. मा वादा हेच दिल बे-इश्कबाज़ी,
   अगर बाशद हकीकी या मजाज़ी।
   मजाज़ आईना-दार-ए-रू-ए-मा नस्त'
   सर-ए-इन जल्व हम दाकूए-मानस्त।

को फूल जानकर दिल से लगाता है। वे काँटे ही उसके लिए फूल हो जाते हैं। प्रेम के लिए मरना ही उनके जीवन का चरम आनन्द हो जाता है।

संसार में ईश्वर-प्रेम के लिए, मनुष्य-प्रेम के लिए और देश, जाति या मानव-मात्र से प्रेम के लिए मरनेवाले महापुरुषों की कमी नहीं है। महापुरुष वही होते हैं जो इस प्रेम-मार्ग के यात्री होते हैं। इन मार्ग के काँटों को हृदय से लगानेवाला ही चरित्रवान् होता है। प्रेम और बलिदान एक ही शब्द की दो परिभाषाएं हैं। बहुत बलिदान ही उसे प्रिय हो जाता है। जो जितना बलिदान कर सकता है उतना ही प्रेम कर सकता है।

जीवित वही है जो प्रेम के लिए मरता है–यही मनुष्य के चरित्र की परख है। कल्याण-अकल्याण की बुद्धि प्रायः सबमें बराबर होती है। सत्य-असत्य, भले-बुरे का तर्क कभी शांत नहीं होता। अन्तिम सत्य शायद कोई वस्तु ही नहीं है। आज एक चीज़ सत्य है तो कल वही झूठ हो जाती है। मनुष्यों के विश्वास, उनकी अवस्थाएं, धारणाएं बदलती रहती हैं, किन्तु एक सच्चाई कभी बदलती नहीं। वह यह कि ज़िन्दा मनुष्य वही है जो अपने विश्वास के लिए मर सके। अपनी आस्थाओं के प्रति ईमानदार रहना, अपने विश्वास, अपने प्रिय विचारों व व्यक्तियों को इतना प्रेम करना कि उनपर अपने जीवन का प्रत्येक क्षण न्योछावर हो सके, यही चरित्रवान् होना है। यह शक्ति सबमें एक समान नहीं होती। विश्वास सभी करते हैं किन्तु उसके लिए कष्ट सब नहीं उठाते। प्रेम सभी करते हैं किन्तु प्रेम में दीवाने सब नहीं होते। जो प्रेम मनुष्य को दीवाना न कर दे वह प्रेम नहीं–क्षणिक आकर्षण है। वह प्रेम कोहरे की तरह आता और स्वार्थ की चमक पड़ते ही नष्ट हो जाता है। ईश्वर-भक्ति तो सभी करते हैं पर मीरा की तरह कौन गा सकता है?

हे री! मैं तो प्रेम दिवाणी, मेरो दरद न जाणे कोय।
सूली ऊपर सेज हमारी, किस विधि सोणा होय।।

सचमुच प्रेमियों की सेज सूली के काँटों पर होती है। काँटे ही उन्हें प्रिय हो जाते हैं, क्योंकि उनकी चुभन उन्हें प्रेमी की याद दिलाती है। सच्चे साधक को साधना-मार्ग के काँटे भी प्रिय होते हैं। इसलिए उन्हें

निराशा, शिथिलता, कायरता कभी निर्बल नहीं बनातीं। मीरा की तरह वे भी विष को अमृत करके पी जाते हैं।

प्रेम का मूल्य बलिदान में चुकाया जाता है–यही प्रेम था जो देशप्रेम के रूप में राणा प्रताप की आत्मा में जगमगाया था, जिन्होंने अरावली की सूखी घाटियों में भूखे-नंगे रहकर जीवन बिता दिया; किन्तु अकबर की अधीनता स्वीकार करके मेवाड़ का सिर नीचा नहीं किया।

राजपूताना का इतिहास इन प्रेम-बलिदानों की कथाओं से भरपूर है। उदयपुर के चूड़ावत की नवविवाहिता वधू ने अपना सौभाग्य-सिन्दूर से सजा हुआ सिर केवल इसीलिए काटकर रख दिया कि कहीं चूड़ावत देश के लिए लड़ने में शिथिल मन न हो जाएं।

सिक्खों के गुरु श्री तेगबहादुरसिंह ने औरंगज़ेब के धर्म-परिवर्तन के प्रस्ताव को जब अस्वीकार कर दिया तो उन्हें मालूम था कि लोहे के तेज़ आरे से उनकी बोटी-बोटी काटी जाएगी। फिर भी अपने विश्वास पर पर्वत के समान अटल रहे। उन्हें अपने धर्म से प्रेम था। प्रेम का मूल्य बलिदान में चुकाना पड़ता है। यह मूल्य चुकाने के समय ही चरित्र की परीक्षा होती है।

यही चरित्र का उत्कृष्ट रूप है। यही आत्मबल है। यही आत्मबल, निर्भीकता, दृढ़ता, साहस, त्याग, सत्यनिष्ठा आदि गुणों का आधार है।

महात्मा गांधी भी इसी आत्मबल के मूर्तिमान अवतार थे। यह आत्मबल उन्होंने हठयोग की साधना या तन्त्र-मन्त्र के अभ्यास से नहीं पाया था। उनकी प्रखर प्रतिभा या विद्वत्ता ने भी उन्हें यह बल नहीं दिया था। देश में उनसे अधिक विद्वान् थे। उनसे भी बड़े राजनीतिज्ञ थे। परन्तु उनसे अधिक मानव-प्रेम का दीवाना इस देश में ही नहीं, शायद संसार-भर में नहीं था।

जैसे माता अपने बच्चों के लिए चिन्तित रहती है, वैसे ही वे देश की दुःखी जनता के लिए चिन्ता करते थे। सोते-जागते, उठते-बैठते हर पल उन्हें दरिद्र-नारायण का ही ध्यान रहता था। उनका प्रत्येक कार्य प्रेम-प्रेरित होता था; प्रत्येक क्षण प्रेमार्पित होता था।

समय और स्थान के भेद प्रेम के रंग-रूप में भेद नहीं करते–हम लोग प्रेम के लिए विशेष समय निश्चित करके प्रेम करते हैं। समय की

सीमाओं में बंधा हुआ प्रेम सच्चा नहीं हो सकता। हम एक वस्तु को सुबह प्रेम करें और शाम को प्रेम न करें, यह असम्भव है। प्रेम सदा एक-सा रहता है। घर में, मंदिर में, एकान्त में या समाज में, सब जगह उसका एक ही रूप रहता है। जो प्रेम-मंदिर में प्रेम के आँसू बहा आता है और बाहर भूख से तड़पते मनुष्य को पाँव की ठोकर से ठेल देता है, वह प्रेम नहीं, धूर्तता है। रात के अंधेरे में छिपकर दूसरों के गले पर छुरी चलाने वाला डाकू घर में अपनी स्त्री से जब प्रेम करता है, तो वह प्रेम नहीं, भोग करता है। स्कूल में लड़कों की चमड़ी उधेड़ने वाला शिक्षक घर में भी अपने बच्चों से प्रेम नहीं कर सकता। दुकान में ग्राहकों की जेब कतरने वाला व्यापारी अपने घर में भी स्त्री से प्रेम नहीं करेगा, केवल स्वार्थ-साधन करेगा। राजनीति में कूटता और धूर्तता से बात करने वाला आदमी अपने मित्रों से भी धोखे की ही बात करेगा। प्रेम और सत्य की साधना के लिए हम विशेष समय निश्चित नहीं कर सकते। प्रेम का सच्चा रंग समय के अनुसार और स्थान-भेद से बदलता नहीं रहता। यह वह रंग है जो चढ़ गया तो हर समय चढ़ा रहता है। हाट-बाट, घर-बाहर, मंदिर-मस्जिद सब जगह वह एक समान बना रहता है तभी वह चरित्र का अंग बन जाता है, नस-नस में समा जाता है। हमारी हर चेष्टा में, हमारी हर साँस में उसका आभास मिलता है।

प्रेम का अर्थ है, पुरस्कार की कामना किए बिना दूसरे की भलाई करना। इस अर्थ को समझकर प्रेम करनेवाले व्यक्तियों की संख्या संसार में यदि लाखों में दो-चार भी हो जाए तो समाज का और संसार का मानचित्र ही बदल जाए। पड़ोसी पड़ोसी से न लड़ें, अदालतों में समय और धन की बर्बादी न हो, प्रत्येक देश को युद्ध सामग्री के लिए अपनी सारी शक्ति खर्च न करनी पड़े। संसार स्वर्ग बन जाए।

सच्चा प्रेम असफल होकर भी विकृत नहीं होता–साहित्यकारों का कहना है कि प्रेम और घृणा के बीच एक पतला-सा पर्दा है जो दोनों को अलहदा किए हुए है। अन्यथा दोनों आवेश एक ही भावना के दो रूप हैं। यह बात प्रेम के लिए नहीं, वासनामूलक आकर्षण के लिए ही सच है।

प्रताड़ित वासना (प्रेम नहीं) घृणा के रूप में बदल जाती है। प्रेम और वासना में यही भेद है कि वह कभी प्रताड़ित नहीं होता। बदले में पूरा मूल्य न मिलने पर ही कोई भी भावना प्रताड़ित होती है। प्रेम (वासना) का बदला जब अभीष्ट प्रेम से न मिले तब प्रेमी का हृदय घृणा से भर जाता है। किन्तु सच्चा प्रेमी तो मूल्य या बदले की अपेक्षा ही नहीं रखता। वह तो केवल आत्मतुष्टि के लिए प्रेम करता है। प्रेम के प्रकाशन में ही वह आत्मतुष्टि पूर्ण हो जाती है। इतने में ही उसकी तृप्ति हो जाती है। इसलिए वह प्रेम-दान करते हुए पात्र-अपात्र की परीक्षा नहीं करता। पापी भी उसके प्रेम का पात्र है। कोई भी पापी सम्पूर्ण रूप से पापी नहीं होता। परिस्थितियां उसकी किन्हीं चेष्टाओं को पापमय बना देती हैं। मैले-कुचैले कपड़ों से ढकी हुई सुन्दर काया की तरह मनुष्य की आत्मा भी मैली वासनाओं से ढकी रहती है। वे मैले कपड़े सुन्दर शरीर के बाह्य रूप को ही घिनौना बनाते हैं—शरीर के आन्तरिक सौंदर्य को नष्ट नहीं करते। इसी तरह मनुष्य की दिव्य आत्मा भी वासनाओं के आवरण से मलिन प्रतीत होती है। प्रेमी हृदय मैले आवरण में आवृत्त ज्योतिर्मयी आत्मा से सदा प्रेम करता है। इस प्रेम का बदला यदि उसे विद्वेष से मिले, या उपेक्षा का तिरस्कार से मिले तो भी वह विकृतमना व्यक्ति से घृणा, द्वेष, उपेक्षा का व्यवहार न करके सहानुभूति का ही व्यवहार करता है।

जिस प्रेम का दीपक सदा एक-सा जलता रहता है वही सच्चा है—हममें से अधिकांश ऐसे हैं जो कोढ़ के रोगी को देखकर नाक भी सिकोड़ते हैं, उसके गलीज़पने पर घृणा करते हैं। किन्तु जिसकी आत्मा में प्रेम का दीपक सदा जलता है, वह उस कोढ़ी से भी प्रेम करेगा, उससे सहानुभूति करेगा। सम्भव होगा तो वह उसका उपचार भी करेगा। हम सभी जानते हैं कि महात्मा गांधी अपने आश्रम में एक कोढ़ी के घावों को अपने हाथों से धोते थे। मानव-प्रेमियों के आसपास ऐसे रोगियों की भीड़ ही लगी रहती है। उनका हृदय प्रेम का ऐसा झरना होता है जो सदा स्वच्छन्द बहता रहता है। दुनिया में प्यासों की कमी नहीं। जो प्यासा हो वह उस झरने से पानी पी सकता है। वहाँ 'परमिट' या 'लाइसेंस' की ज़रूरत नहीं।

हमारी अमीरी हमें प्रेम नहीं, द्वेष करना सिखलाती है–प्रेम के दान में मूल्य नहीं लगता; धन खर्च नहीं होता। दूसरे की वेदना में अपनी वेदना समझना और उसे अपना ही अंग जानकर उसका उपाय करना ही उससे प्रेम करना है। जिन्हें केवल मानसिक सन्ताप होता है उनकी बात को धीरज से सुनने और सहानुभूति प्रकट करने में कोई मूल्य नहीं लगता। यही उनका उपचार है। इतने से ही उनकी विक्षिप्त आत्मा को शांति मिलती है। सहानुभूति का एक शब्द कई बार मनुष्य के सम्पूर्ण जीवन को डूबने से बचा देता है। फिर भी हममें कितने हैं जो किसी विक्षिप्त व्यक्ति की बात पर कान देते हैं। साधारणतया लोग प्रत्येक बीमारी से, वह मानसिक हो या शारीरिक दूर भागते हैं। अमीर आदमी हर गरीब आदमी को चोर समझता है या भिखारी। शरीर से स्वस्थ व्यक्ति हर निर्बल आदमी को बीमारी से ग्रसित समझता है। हमारी अमीरी और हमारी क्षमता हमें दुनिया से द्वेष करना सिखाती है। हमारा पांडित्य, हमारी विद्वत्ता दूसरों को मूर्ख बनाना सिखाती है। ऐसी अमीरी और ऐसी विद्वत्ता प्रेम के बिना मानव-मात्र के लिए अभिशाप है। प्रेम ही है जो इन गुणों को मानव के लिए कल्याणकारी बनाता है। इसलिए चरित्र-निर्माण में प्रेम का माहात्म्य सबसे बड़ा है।

दो युवक हृदयों का प्रथम प्रेम–साहित्य की भाषा में प्रेम शब्द प्रायः स्त्री-पुरुष के लैंगिंक आकर्षण में ही प्रयोग किया जाता है। वयःप्राप्त युवक-युवती का प्रथम आकर्षण प्रकृतिगत होने के कारण प्रायः स्वार्थरहित और प्रेम-पूरित ही होता है। ईश्वर ने दोनों हृदयों में एक-दूसरे के प्रति स्वाभाविक प्रेम दिया है। दोनों के हृदय, यदि किन्हीं विकारों के प्रभाव से बचे हुए हों, तो एक-दूसरे से मोह की इच्छा से नहीं बल्कि प्रेम की इच्छा से आकर्षित होते हैं। दोनों प्रेमी अपने प्रेम का पुरस्कार केवल प्रेम में चाहते हैं। जब तक उनका यह प्रेम विशुद्ध प्रेम रहता है तब तक उनकी आत्मा में एक दैवी प्रकाश हर समय जलता रहता है। उन्हें पृथ्वी-आकाश की हर चीज़ में इन्द्रधनुष के रंगों की चमक दिखलाई देती है। सूर्य की प्रथम किरण उनके प्रभाव को स्वर्णिम बना देती है। प्रभावती पवन के झोंके उनके रोम-रोम को पुलकित कर देते हैं। अस्ताचल की

घाटी से उठती हुई पपीहे की पागल पुकार उनमें प्यार का उन्माद भर देती है, पर्वत-शिखर से झरते हुए निर्झरों की मरमर ध्वनि का संगीत उन दोनों हृदयों के तारों को झंकृत कर देता है, आकाश में उड़ते हुए हंसों की टोली उनकी कल्पना को पंख लगा देती है। घनघोर घटाओं की कड़क में भी उन्हें संगीत सुनाई देता है। बरसात को झकझोरकर लहराती हवाओं में उनकी भावनाएं झूम-झूमकर खेलती हैं और उसकी मूसलाधार पानी की टपटप उनके दिलों को गुदगुदाती है, उनमें उल्लास भरती है।

11

विवाहित प्रेम का आदर्श

प्रेम का उन्माद उनके जीवन को सब रंगों में रंगता है। वह प्रेम का सच्चा रूप है। किन्तु यह नशा देर तक नहीं रहता। विवाह की वेदी पर आजन्म साहचर्य का व्रत लेने के कुछ काल बाद यह स्वाभाविक प्रेम केवल साहचर्य का व्रत ही रह जाता है। प्रेम का स्थान व्रत, धर्म, नियम और मर्यादा लेते हैं।

युवक-युवती में स्वाभाविक रूप से विद्यमान प्रेम की बहती धारा को विवाह के धर्म-बन्धन में बांधने की यह प्रथा सामाजिक प्रतियोगिता को दृष्टि में रखकर प्रचलित हुई थी। घर बनाना, सन्तान की उत्पत्ति करना और उनके पालन-पोषण-शिक्षण का प्रबंध करना, यही इस प्रथा का उद्देश्य था। यह उद्देश्य बहुत ऊँचा था। प्रत्येक स्वाभाविक प्रवृत्ति को रचनात्मक कार्यों में रूपान्तरित करना ही मनुष्य का समूचा आदर्श है। इसी में उस प्रवृत्ति की पूर्णता है, अन्यथा वह प्रवृत्ति निरुद्देश्य होकर पथभ्रष्ट हो जाती है। यौन प्रेम को कलात्मक रूप देकर मनुष्य-बुद्धि ने उसे पथभ्रष्ट होने से बहुत अंश तक बचाया है। इसके लिए हमें विवाह-प्रथा के आविष्कर्ताओं के प्रति कृतज्ञ होना चाहिए। किन्तु हमें यह भी स्मरण रखना चाहिए कि इस रूपान्तर में भी वही क्षति हुई है जो प्रत्येक रूपान्तर में होती है। वह यह कि इस रूपान्तर में भी मूल वस्तु का सौंदर्य नष्ट हो गया है। जिस

सौंदर्य के लोभ से हम किसी वस्तु का रूपान्तर करते हैं, यदि रूपान्तर करने की प्रक्रिया में वह सौन्दर्य नष्ट हो जाता है तो हम स्वयं अपने आदर्श की हत्या कर देते हैं। विवाह के बन्धनों में प्रेम की मूल कल्पना का गला ही घुट जाए तो विवाह का प्रयोजन वहीं नष्ट हो जाता है।

विवाह प्रेम की डोर में दो आत्माओं को पिरोकर माला बनाना है–कुछ लोग यह मानते हैं कि विवाह और प्रेम का अनिवार्य सम्बन्ध नहीं है। प्रेम का अपना स्थान है, विवाह का अपना। मेरे विचार में भी प्रेम का क्षेत्र बहुत व्यापक है। वह विवाह तक ही सीमित नहीं। किन्तु विवाह के क्षेत्र में प्रेम का होना अनिवार्य है। प्रेम विवाह के बिना भी चल सकता है, किन्तु विवाह बिना प्रेम के सफल नहीं हो सकता। विवाह दो व्यक्तियों को जिस सूत्र में पिरोता है, वह सूत्र यदि प्रेम का नहीं होगा तो या तो वह टूट जाएगा, अथवा वह जिन व्यक्तियों को उसमें पिरोया गया है उनके गले की फांसी बन जाएगा। दो भिन्न प्रकृति के व्यक्ति केवल प्रेम-डोर से ही इतनी घनिष्ठता से बांधे जा सकते हैं कि उनका बन्धन उनके जीवन की ज़ंजीर न बनकर विकास का साधन बन जाए। वैवाहिक कर्तव्यों के विषम मार्ग में जिस पति-पत्नी का प्रेम नष्ट हो जाए वे अपने जीवन का शेष मार्ग बड़े कष्ट से पूरा करते हैं। उनके लिए एक दिन कई युगों के समान लम्बा हो जाता है। छोटे-छोटे काम पहाड़ जितने हो जाते हैं। उनकी हर साँस मृत्यु का आह्वान करती है। उनकी ज़बान से यही आवाज़ निकलती है :

ज़िन्दा हूँ, मगर, ज़ीस्त की लिज़्ज़त नहीं बाक़ी,
वह गुल हूँ खिज़ां ने जिसे बर्बाद किया है।

उनके घरेलू जीवन के उपवन में फूलों की जगह काँटों का बाग लग जाता है। एकाध काँटा हो तो कोई दूर भी करे; जहाँ काँटों की झाड़ियां ही झाड़ियां उग आएं, वहाँ का माली क्या करे?

विवाहित जीवन की उलझनें–विवाहित जीवन के काँटों से लहूलुहान स्त्री-पुरुषों को देखने के लिए कहीं दूर जाने की ज़रूरत नहीं है। जिसे देखो वही घायल है। किसी के दिल की तह तक पहुँचते ही वहाँ उसके

कराहने की आवाज़ आनी शुरू हो जाएगी। हम ज़बान पर ताला तो लगा सकते हैं, पर आँखों पर पहरा नहीं बिठा सकते। विषाद में डूबी हुई आंखें, माथे की त्योरियाँ, होठों की मसली हुई हँसी दिल की बात कह देती है।

यह सब क्यों है? विवाहित जीवन के असन्तोष की लपटें आकाश में इतनी ऊँची क्यों जा रही हैं? वैवाहिक असफलता की कहानियों से हमारा साहित्य क्यों पटा पड़ा है? मुरझाए हुए दिलों की पंखुड़ियां विलास की आँखों में चारों ओर क्यों बिखर रही हैं?

इन प्रश्नों का एक ही उत्तर है : विवाह करते ही हम प्रेम करना भूल जाते हैं। शायद विवाह की वेदी की आग में हम अपने प्रेम की ही आहुति दे देते हैं। विवाह के मन्त्रों की उलझन में हम जीवन के इस गुरु-मंत्र को भूल जाते हैं कि प्रेम-प्रेरित कर्म ही सफल होते हैं। हम यह भी भूल जाते हैं कि प्रेम का अर्थ प्रतिफल की कामना किए बिना देना है। प्रेम का प्रतिफल प्रेम के सिवा कुछ नहीं। विवाह करने के बाद जब जीवन की आवश्यकताएं हमें क्रियात्मक होने का सन्देश देती हैं तो हमारा दिल अपने प्रेम का मूल्य माँगने लगता है; अपने बलिदान की कीमत चाहने लगता है। मूल्यांकन की चेतना जानते ही हम सौदागर बन जाते हैं। हम थोड़ा देकर अधिक की आशा करने लग जाते हैं। हमारी वणिकवृत्ति हमें अपनी वस्तु का मूल्य अधिक लगाने और दूसरे की बहुमूल्य वस्तु को भी मिट्टी का खिलौना समझने की आदत डाल देती है।

स्काटलैंड के प्रसिद्ध मनोवैज्ञानिक नील ने एक जगह इस संबंध में लिखा है:

''दाम्पत्य जीवन की अधिकतर कठिनाइयों का कारण यह है कि विवाह में हम अपनी प्रेमिका से अपने प्रेम का प्रतिफल चाहते हैं। लिंगैषणा के क्षेत्र में तो उत्तर सहज में मिल जाता है, किन्तु जैसे-जैसे दिन बीतते जाते हैं, वैसे-वैसे उस प्रेम के प्रतिफल की मांग असह्य होती जाती है।''

जब विवाह स्त्री-पुरुष का परस्पर शोषण ही रह जाए–पत्नी पति का मूल्य लगाती है उसकी कमाऊ शक्ति से, और पति पत्नी का मूल्य लगाता है उसकी जवानी से, या उसकी गृहकार्य में दक्षता से। मूल्य लगाने

की भावना जागते ही तुलनात्मक बुद्धि जाग जाती है। पत्नी को अपनी जवानी के मूल्य में पति का उपार्जन कम दिखने लगता है और पति को धनार्जन-शक्ति की तुलना में पत्नी का यौवन हल्का लगने लगता है। पति-पत्नी दोनों देने की बात भूलकर अपने साथी से लेने और अधिकाधिक लेने की चालें चलने लगते हैं। परस्पर शोषण की यह कामना दोनों का शोषण करती है। शोषण करनेवाला स्वयं भी शोषित होता है। तभी विवाहित स्त्री-पुरुष का मिलन दो आत्माओं का मिलन न रहकर दो चालाक व्यापारियों का सौदा बन जाता है। तब दोनों का प्रेम प्रताड़ित होकर विलास के झूठे आवरण में शरण ढूँढता है। वस्तुतः यह विलास प्रेम का पथभ्रष्ट रूप है।

विवाहित जीवन की विषमताओं को दूर करने का उपाय केवल प्रेम ही है। अन्य सब तरीकों का इस्तेमाल वृक्ष की जड़ को न सींचकर पत्तों को पानी देने के समान है। विवाहित प्रेम पर सैकड़ों पुस्तकें लिखी गई हैं। उनमें व्यावहारिक कठिनाइयों का व्यावहारिक समाधान लिखा गया है। किन्तु न तो कठिनाइयों का कोई अन्त है, न उनके समाधानों का। वस्तुतः सब समाधानों का समाधान प्रेम ही है। जो प्रेम जन्म से एक-दूसरे के दुश्मन दो जीवों को मित्र बना सकता है, वह क्या दो सहज आकर्षण से मिले स्त्री-पुरुष के मन्द होते सौहार्द को वापस नहीं ला सकता? प्रेम की बयार ऐसी है जो एक ही झोंके में जीवन की मुरझाती शाखाओं को हरा-भरा कर देती है। पुरस्कार की कामना किए बिना आप अपना प्रेम दान करेंगे तो आपको प्रेम अवश्य मिलेगा। प्रेम के बदले यदि आप प्रेम के अतिरिक्त कुछ चाहेंगे तो प्रेमी नहीं, अधम सौदागर हैं। किसी स्त्री को धन की इच्छा है, विलास की इच्छा है, नाम की इच्छा है, तो उसे चाहिए वह धन पैदा करे और कीर्तिवन्त काम करके यशोपार्जन करे और अपने धन से जितना भोग भोगना चाहे भोगे। विवाह द्वारा अपनी धन-लिप्सा शान्त करके वह विवाह को बदनाम न करे। इसी तरह यदि किसी पुरुष की भोगेच्छा असाधारण रूप से बलवती है या वह अपने वैभव से दुनिया की जवानी को खरीदने का अहंकार पूरा करना चाहता है, तो उसे चाहिए कि वह

जवानी के बाज़ार का सौदागर बन जाए, विवाह की पवित्रता को नष्ट न करे, प्रेम के नाम पर अपनी भोगलिप्सा को बुझाने का यत्न न करे। ऐसा व्यक्ति समाज का शत्रु है, वह मनुष्य के रूप में भेड़िया है।

प्रायः ऐसे, स्वयं को धोखा देकर दुनिया को धोखा देनेवाले स्त्री-पुरुष ही विवाह की असफलता का ढिंढोरा पीटा करते हैं। वे विवाहित जीवन की विषमताओं से नहीं, बल्कि अपनी दूषित वासनामूलक कल्पनाओं से ही ठगे जाते हैं। इन विकृत व्यक्तियों की यह पुकार होती है कि विवाहित जीवन की असफलता सिद्ध होने पर पति-पत्नी दोनों को सम्बन्ध-विच्छेद का अधिकार होना चाहिए। मेरी सम्मति में हमें किसी भी व्यक्ति को उसकी इच्छा के बिना न तो सम्बन्धित करना चाहिए और न ही विच्छेद के अधिकारों से वंचित करके अनिच्छापूर्वक संयुक्त युगल को सदा सम्बद्ध रहने को बाधित करना चाहिए। विवाह में दो आत्माओं का स्वतन्त्र रूप से मिलन होना चाहिए। प्रेम और स्वतंत्रता साथ-साथ चलते हैं। प्रेम में परवशता का कोई स्थान नहीं है। हाँ, किन्तु प्रेम स्वयं स्वेच्छा से परवश हो जाता है। जिस बन्धन में आत्मा स्वयं अपने-आपको बांध लेती है, वही प्रेम की डोर है। किन्तु यदि वह डोर उसके गले की फांसी बनने लगे तो वह प्रेम की नहीं, घृणा की, भय की डोर बन जाती है। उसे तोड़कर फेंक देना चाहिए। लोग विवाह-बन्धन से विच्छेद का कानूनी अधिकार चाहते हैं। मैं तो समझता हूँ कि मन में विच्छेद की भावना जागते ही अलग हो जाना चाहिए। प्रेम का सूत्र टूटने के बाद दुनिया-भर की ज़ंजीरें भी दो आत्माओं को नहीं मिला सकतीं। अस्तबल में हम दो घोड़ों को खूंटे से बांधकर रख सकते हैं, किन्तु पुरुष-स्त्री को भी यदि इसी तरह सामाजिक कानूनों से बांधा गया तो उसकी मनोवस्था भी घोड़ों की-सी हो जाएगी। अतः उन्हें विच्छेद का पूरा अधिकार देना चाहिए।

यहाँ तक तो मैं उनकी पुकार से सहमत हूँ, किन्तु इस बात में मुझे बहुत सन्देह है कि जो पुरुष अपनी प्रथम पत्नी को प्रेम करना नहीं जानता, वह दूसरी पत्नी को कैसे प्रेम कर सकेगा? वैवाहिक असफलता का कारण मनुष्य को अपने प्रेम में ढूँढना चाहिए। यह आत्म-निरीक्षण

उसे बता देगा कि प्रेम में कौन-सी ऐसी त्रुटि है जो वह अपनी स्त्री के हृदय में प्रेम की ज्योति नहीं जगा सका। इसी तरह असन्तुष्ट पत्नी को भी अपने प्रेम की परख करनी चाहिए। यदि वह एक पुरुष को प्रेम प्रदान नहीं कर सकी तो दूसरे को कैसे कर सकेगी?

अपवाद तो दुनिया में होते ही हैं किन्तु साधारणतया मेरा यह विश्वास है कि यौवन के प्रभातकाल में जिन दो स्त्री-पुरुषों की आत्माएं मिलती हैं उनका प्रेम चिरस्थायी रहता है, क्योंकि वे प्रेम के लिए ही मिलते हैं। दुनिया की ऊँच-नीच से उनका मन मलिन नहीं हुआ होता। उनका विवाहित जीवन असफल हो तो दोनों को बड़ी गम्भीरता से अपनी त्रुटियों का अध्ययन करना चाहिए। मनुष्य की बड़ी से बड़ी त्रुटि उनके प्रेम से छोटी होती है। वह जिसे प्रेम करता है उसे उसकी सम्पूर्ण त्रुटियों के साथ प्रेम करता है। उसके दोष भी उसे प्रिय हो जाते हैं। प्रेम जादू की वह छड़ी है जो मनुष्य को देवता बना देती है। मैं यह नहीं मानता कि प्रेम विवाहित स्त्री-पुरुषों के बिगड़े सम्बन्धों को नहीं संवार सकता। तलाक द्वारा सम्बन्ध तोड़ने पर आग्रह करना सच्चाई से कन्नी काटकर बच निकलने की प्रवृत्ति है। यह कठिनाई का सच्चा हल नहीं है।

सच्चा हल है—प्रेम, निष्काम प्रेम। निष्काम कर्म की महिमा को गीता ने गाया है, निष्काम भावना की महिमा उससे भी ऊँची है। यही कामनारहित भावना प्रेम है।

12

स्नेह का आदान-प्रदान चरित्र का निर्माण करता है

मैत्री प्रेम की अभिव्यक्ति का सुसंस्कृत रूप है—मैत्री की भावना आज के सुसंस्कृत जीवन के प्रेम की ही अभिव्यक्ति का एक रूप है। सभ्यता की राह पर चलते हुए मनुष्य ने अपनी प्रवृत्तियों के आधार पर

जो नई मनोभावनाएं बनाई हैं—उनमें मैत्री की भावना भी है। नई सभ्यता ने परिस्थितियों को एक ओर जटिल बना दिया है और दूसरी ओर उन परिस्थितियों में आसानी से रहने के उपायों का आविष्कार किया है। मैत्री का आविष्कार ऐसा ही है। मित्र के सहारे मनुष्य अपनी मनोभावनाओं को व्यक्त कर लेता है। जो भावनाएं प्रतिकूल वातावरण में व्यक्त होने से घबराती हैं वे अभिव्यक्ति के लिए अनुकूल वातावरण की तलाश करती हैं। मित्र का सम्पर्क यह अनुकूल वातावरण प्रदान करने में समर्थ है। उनके साथ रहकर व्यक्ति पूर्ण स्वतंत्रता के साथ अपनी भावनाएं व्यक्त कर सकता है।

यह स्वतंत्रता परिवार के घेरे में नहीं मिलती। परिवार की जटिल ज़िम्मेदारियां हमारे मानसिक सम्बन्धों को भी जटिल बना देती हैं। एक-दूसरे को निष्पक्ष भाव से समझने के लिए जिस उन्मुक्त मन की आवश्यकता है, वह इन ज़िम्मेदारियों की छाया में पक्षपातपूर्ण हो जाता है। हमारे हृदय एक-दूसरे में अपने स्वार्थ की पूर्ति के साधन ढूंढने लगते हैं। प्रेम का स्थान व्यावहारिक उपयोगिता ले लेती है। जीवन-साथी का प्रेम कोरे कर्तव्य में बदल जाता है। विवाह की वेदी बलिदान की यज्ञभूमि के अतिरिक्त कुछ नहीं रहती। समाज की ज़ंजीरें हमारे गले की फांसी बन जाती हैं। ऐसे कंटीले जंगल में हमारे व्यक्तित्व की कली कैसे खिल सकती है।

स्नेह का आदान-प्रदान ही मित्रता का लक्ष्य है—परिवार की संकीर्ण दीवारों से हमारा जब दम घुटने लगता है तो हम अपने मेल-जोल का दायरा बढ़ाते हैं। हम समाज की ओर अभिमुख होते हैं। किन्तु समाज की सहानुभूति की आशा करना खारे पानी के समुद्र से मीठे जल की आशा करना है। वहाँ मानव-हृदय की कमज़ोरियों के प्रति सहनशीलता के बजाय आपको द्वेष-भावना, कटु आलोचना और उदासीनता ही मिलती है।

परिवार और समाज से निराश होकर मनुष्य जब किसी सच्चे हृदय में स्नेह के बीज बोता है तो उसे सहानुभूति मिल जाती है। स्नेह का आदान-प्रदान ही मित्रता का नाम है। स्नेह के बदले स्नेह चाहनेवाला ही मित्र हो सकता है। वह स्नेह ही देता है और स्नेह ही लेता है—अन्य कोई स्वार्थ उसका प्रेरक नहीं होगा। मित्रता मन का सम्बन्ध है। शारीरिक

आकर्षण का इसमें कोई स्थान नहीं। प्रेम और मैत्री में यही भेद है। प्रेम में मनुष्य शरीर और मन दोनों का सर्वस्व दान करता है। मैत्री में शारीरिक समर्पण का कोई प्रश्न नहीं उठता। एक-दूसरे में अटल विश्वास की उत्कृष्ट भावना और एक-दूसरे के प्रति सच्चा व्यवहार मैत्री के पौधे को सींचते हैं।

जीवन में प्रेमी मिल जाते हैं, सच्चे मित्र नहीं मिलते। धोखा देनेवाले लोग स्वार्थपूर्ति के लिए कुछ दिन मैत्री बढ़ाते हैं, किन्तु धोखा देर तक टिकता नहीं। मित्र पाने के लिए स्वयं मित्रता के योग्य बनना पड़ता है। यदि आपको अभी तक सब धोखा देनेवाले ही मिले हैं तो आप अपने ही अन्तर में झांककर देखिए। आप ही शायद मित्रता के योग्य न हों, आपने कभी स्वार्थ भावना को तजा न हो और प्यार देने की भूख अनुभव न की हो। हम किसी को विश्वासपात्र बनाकर अपनाने में बड़ा डरते हैं। किसी के सुख-दुःख में साझी बनने और किसी को अपने सुख-दुःख का साझी बनाने में हमें सैकड़ों तरह के सन्देह घेरते हैं। हमारी यह संशयशील वृत्ति हमें किसी का सच्चा मित्र नहीं बनने देती। हमें अपने ही सन्देहों की छाया दूसरों के हृदय में प्रतिबिम्बित होती है। उसका प्रतिबिम्ब केवल आपके व्यवहारों को ही विषाक्त नहीं बनाता, दूसरे के दिल को भी संशयशील बना देता है।

मित्रता का पौधा वह जंगली पौधा नहीं है जो पहाड़ की सूखी चट्टान में स्वयं पैदा हो जाता है और आंधी-तूफानों की छाया में खुद बढ़ता जाता है। यह तो मनुष्य के नन्दनवन का वह सुकुमार पुष्प है जिसे प्रतिक्षण माली के उदार प्रेम की, सहृदय मन की, संवेदना की और अविकल विश्वास की निरन्तर आवश्यकता है। प्रत्येक व्यक्ति के हृदय में ये भाव प्रसुप्त रूप से सदा रहते हैं। चरित्र-निर्माण का प्रयोजन इन प्रसुप्त गुणों को जागरित करना है। इनके पानी से आप न केवल व्यक्तिगत मैत्री के पौधे को सीचेंगे—अपितु मानव-प्रेम के ऊंचे आदर्शों को व्यवहार में पूर्ण करेंगे।

मानसिक जटिलता का अन्त आत्म-स्वीकृति से ही हो सकता है—जो मनुष्य किसी का मित्र नहीं बनता, अपने आपको दूसरों से अलग, अपने में ही समेटे हुए रखने की सतत चेष्टा करता है, उसके विचार उतने ही अधिक जटिल हो जाते हैं। मनुष्य के मन में अनेक प्रकार की भावनाएं

उत्पन्न होती रहती हैं। उन भावनाओं को अपने मित्रों के सामने प्रकाशित करते रहने से वे मानसिक जटिलता का कारण नहीं बनतीं। किन्तु हम सब भावनाएं मित्रों के सामने भी प्रकाशित नहीं करते। हमें डर होता है कि उन्हें जानकर हमारे मित्र हमसे घृणा करने लग जाएंगे। इसी तरह हम अपने अनेक पापों को मन में छिपाए रखते हैं। घनिष्ठतम मित्रों के सामने भी उन्हें प्रकट नहीं करते। मन के गहरे पर्दों में उन्हें हज़ार कोशिशों से ढककर रखते हैं। एक पाप को छिपाने के लिए अनेक पाप करने पड़ते हैं तो वे भी हम करते हैं। छिपाने की यह वृत्ति यहाँ तक बढ़ जाती है कि हम अनेक दुष्कर्मों को अपने-आपके सामने भी स्वीकृत करना नहीं चाहते। हमारी कोशिश यह रहती है कि हम उनको तर्क-सम्मत बना सकें। दलीलों से उन पापों को स्वाभाविक प्रवृत्ति कहकर हम आत्म-सन्तोष करना चाहते हैं। तार्किक व्यक्ति कई बार इस चेष्टा में सफल भी हो जाते हैं। किन्तु झूठा संतोष देर तक साथ नहीं देता। पाप की आग राख के अन्दर से भी जल उठती है। तब हम उसे अपनी मानसिक जटिलताओं से ढकने की चेष्टा करते हैं। इस चेष्टा में हमारा मन रोगी हो जाता है। वह रोग स्वयं हमारी छिपी हुई जटिल भावनाओं को प्रकाशित करने लगता है। वह जटिलता निर्बल होकर टूक-टूक हो जाती है। यूरोप के वैज्ञानिक यँग महाशय का कथन है कि बाह्य रोग के रूप में जब भीतरी मानसिक विकार निकल जाता है तो व्यक्ति आरोग्य का अनुभव करता है।

आत्म-स्वीकृति भी मानसिक भावनाओं की अभिव्यक्ति का ही एक रूप है—बुद्ध भगवान् ने इसीलिए मनुष्य को उपदेश दिया था कि—"ढके हुए को खोल दो, 'छिपे हुए को प्रकाशित कर दो, तो तुम अपने पापों से मुक्त हो जाओगे।" ईसाई धर्म में इस आत्म-स्वीकृति का बड़ा महत्त्व है। वे जानते हैं कि आत्म-स्वीकृति से मनुष्य ईश्वर की क्षमा का पात्र बन जाता है। क्षमा का पात्र इस अर्थ में बनता है कि उसकी घनीभूत भावनाओं के बादल जब आंसुओं के रूप में बरस जाते हैं तो दिल के आकाश में बादलों की गरज, बिजली की कड़क बन्द हो जाती है। पूर्णिमा का चांद आत्मिक शान्ति के रूप में खिल उठता है। यही ईश्वर की सबसे बड़ी क्षमा है।

आत्म-स्वीकृति भी एक तरह की अभिव्यक्ति है। अभिव्यक्ति न पाकर मनुष्य की जटिल भावनाएं उसे पागल बना देती हैं। पागलपन का प्रायः यही कारण होता है। मुझे कई पागलों का इतिहास जानने का मौका मिला है। पागलखाने के डाक्टरों से भी बातचीत हुई है। थाणा (बम्बई) के पागलखाने के डाक्टर ने मुझे बताया कि उनके पास पागलखाने के जितने रोगी हैं, उनमें से अधिकांश लैंगिक भावनाओं (sex) को अभिव्यक्ति न मिलने के कारण पागल हुए हैं। एक पागल अपनी स्त्री की बहिन से प्रेम करता था, दूसरा अपने पड़ोसी की लड़की को चाहता था। इसी तरह के विकृत प्रेमी समाज के भय से अपनी भावनाओं को अभिव्यक्त न कर सके। अच्छा होता, वे अपने मन को प्रारम्भ में ही वश में कर लेते। किन्तु ऐसा भी न हो सका। वे उसी की चिन्ता में भीतर ही भीतर घुलते रहे। मन में गांठ पर गांठ पड़ती गई। उन गांठों को खोलने का मौका नहीं मिला। दिन प्रतिदिन वे गांठें जटिल होती गईं और उनका मस्तिष्क निर्बल होता गया। आखिर जब वे इस अन्तर्द्वन्द्व की पीड़ा को सहन न कर सके तो ईश्वर ने उन पर कृपा करके उनकी चेतना को उनसे छीन लिया। प्रकृति का यह नियम बड़ा ही अच्छा है कि दर्द के हद से बाहर आते ही मनुष्य निःसंज्ञ हो जाता है। मानसिक पीड़ा के लिए भी यह उतना ही सच है जितना शारीरिक पीड़ा के लिए। पागलपन इसी तरह की निःसंज्ञता है।

सहानुभूति ही मन की ग्रंथियों का उपचार है–इसका केवल एक ही उपचार है–सहानुभूति। पागलों को बीमार कहकर अलग कर देने से वे और भी पागल हो जाते हैं। सच तो यह है कि किसी ऐसे सच्चे मित्र के अभाव में ही, जो उनकी बात सहानुभूतिपूर्वक सुन सके, पागल आदमी अपने मन की गांठें नहीं खोलता; और वह पागल हो जाता है। सहानुभूति पाकर ही वह अपने दिल को किसी के सामने खोलेगा। इसलिए डाक्टर का पहला कर्तव्य यह होता है कि वह पागलपन के रोगी को अपने विश्वास में लाकर उसे अपना सच्चा मित्र बना ले। रोगी को यह डर न रहे कि उसका भेद खुल जाने पर वह उसकी नज़रों में या दुनिया की नज़रों में गिरा दिया जाएगा।

यूरोप के प्रसिद्ध मानसिक रोगों के चिकित्सक डॉक्टर होमर लेन ने पागलपन की चिकित्सा में अनेक सफल प्रयोग किए हैं। उन्होंने लिखा है कि "रोगी चेतन और अचेतन मन में एकरसता पैदा हो जाने के बाद स्वयं रोग-मुक्त हो जाता है। यह एकरसता तभी आती है जब सहानुभूति का प्रकाश पाकर उसके अर्धचेतन मन की छिपी भावनाएं स्वयं बाहर आने लगती हैं।"

डाक्टर को रोगी का विश्वासपात्र बनने के लिए उससे न केवल बड़े ही प्रेम का व्यवहार करना पड़ता है वरन् अपने आपको भी उसके समक्ष खोलना पड़ता है। उसे कई बातें अपने अनुभव की कहनी पड़ती हैं। अपने दिल की छिपी बातें कहनी पड़ती हैं—जिससे उसे आत्म-स्वीकृति करने में प्रोत्साहन मिले। यदि कोई पागल काम-सम्बन्धी दुराचार से रोगी हुआ है तो अपने दुराचारों के एक-दो उदाहरण देना आवश्यक होता है। इसके रोगी को उसके साथ आत्मीयता स्थापित करने में सहायता मिलती है।

13

संतान प्रेम का महत्त्व

माता-पिता का प्रेम भी स्वार्थमूलक हो सकता है—प्रेम का स्थान चरित्र-निर्माण में बहुत महत्त्व का है। हम अपने प्रेम से अपना चरित्र ही नहीं बनाते, अपने बच्चों का भी बनाते हैं। माता-पिता का संतान के प्रति सच्चा प्रेम ही सन्तान को चरित्रवान् बनाता है। आप कहेंगे, क्या माता-पिता का प्रेम भी झूठा हो सकता है? झूठा होने का अर्थ है कि क्या वे भी प्रतिफल की कामना से बच्चों का पालन-पोषण करते हैं? मेरा विश्वास है कि माता-पिता का सन्तान प्रेम भी प्रायः स्वार्थमूलक होता है। माँ-बाप बच्चों से प्रायः यह कहा करते हैं कि, "बेटा, हमारी लाज रखना, कुल के नाम पर कलंक न लगने देना।" अपनी लाज पर, जो प्रायः झूठे अभिमान से बनी होती है, या कुल की शोभा पर बच्चों के जीवन को कुर्बान कर देना माँ-बाप अपना ईश्वर-प्रदत्त अधिकार समझते

हैं। अपनी झूठी शर्म रखने के लिए पिता अपनी लड़की को ज़हर देकर मार देता है और लड़के को दुनिया में ठोकरें खाने को छोड़ देता है। जिस कुल की लाज के लिए माँ-बाप इतने चिन्तित रहते हैं, वह कुल स्वार्थी, धूर्त, पाखण्डी लोगों की जमात होती है। उस धूर्त-मण्डल के सामने नाक रखने की इच्छा माँ-बाप से सन्तान का खून करवा देती है। अपनी कोख से ही जन्म देने वाली माता बहुत बार यह कहते सुनी जाती है कि, "हे भगवान्! इस कलमुँही सन्तान को देने के बदले तो हमें निपूता ही रखते।" बहुत-से माता-पिता अपने पुत्र का पालन केवल इसलिए करते हैं कि आगे चलकर वह उनके बुढ़ापे का सहारा बन सके।

निष्प्रेम माँ-बाप बच्चों के मन में ज़हर भरते हैं–माँ-बाप की स्वार्थ-भावना बच्चे के चरित्र पर बुरा प्रभाव डालती है। स्वार्थ के साथ प्रेम का कोई सम्बन्ध नहीं। माँ-बाप स्वार्थी होंगे तो प्रेम नहीं कर सकेंगे। जो बाप बच्चों की भावनाओं को चोट पहुँचाता है, उसकी त्रुटियों को सहन नहीं करता, उसकी बातों को समझकर उसे रचनात्मक कार्यों में लगने को उत्साहित नहीं करता, उसकी कठिनाइयों को आसान बनाकर आगे बढ़ने को प्रवृत्त नहीं करता, वह अपने बच्चों को प्यार नहीं करता।

जो माता-पिता प्रेम की जगह हंटर या बेंत से बच्चे को सुधारना चाहते हैं, वे भी बच्चे के दुश्मन होते हैं। खीझकर या चिढ़कर माँ-बाप बच्चे को पीट देते हैं। इस पिटने से बच्चे के मन में न केवल माँ-बाप के लिए घृणा का भाव भर जाता है बल्कि वह दुनिया की हर चीज़ से घृणा करने लगता है। वह सोचता है यदि उसके माँ-बाप इतने क्रूर-निर्दयी हैं तो दूसरे लोग तो पूरे कसाई होंगे। ऐसे बच्चे के हृदय में संसार के प्रति क्रूरता, घृणा, विद्वेष, प्रतिहिंसा के भाव भर जाते हैं। ये सब भावनाएं बच्चे के चरित्र को दूषित बनाती हैं।

अयोग्य अभिभावक चरित्र का नाश कर देते हैं–ऐसे प्रेमहीन माँ-बाप को चाहिए कि वे बच्चों के चरित्र बनाने का काम अपने ऊपर न लेकर बच्चों को 'अपना जीवन जीने' की स्वतंत्रता दे दें। अयोग्य अभिभावक बच्चे के चरित्र का निर्माण करेंगे तो बच्चा दुश्चरित्र बने

बिना नहीं रह सकता। रूढ़िप्रिय माँ-बाप बच्चों की मौलिक शक्तियों को नष्ट कर देते हैं। आयु बढ़ने के साथ मूर्ख माँ-बाप बहुत दकियानूसी हो जाते हैं। वे अपने बच्चों को भी उसी संकीर्ण विचारधारा में बहाना चाहते हैं। ऐसे वातावरण में पले बच्चे किसी भी नये विचार को ग्रहण नहीं कर सकते। उनमें ताज़गी नहीं होती। उनकी नई रचना करने की प्रवृत्ति कुण्ठित हो जाती है।

जब माता-पिता स्वयं एक समस्या बन जाएं–माँ-बाप का जीवन प्रायः आर्थिक संकटों में जकड़ा रहता है। बाप को नौ बजे दफ्तर पहुँचना है–वहाँ मालिक के आगे सिर नीचा करके काम करना है। ऐसे बाप को खेल-कूद व्यर्थ जान पड़ते हैं और वह बच्चे में भी सबके सामने सिर झुकाने की आदत डाल देता है। ऐसा बाप बच्चे के चरित्र को बिगाड़ देता है। वह अपने बच्चे को खाली समय खेल-कूद करते देखकर ईर्ष्या करता है। उसे अपना ज़माना याद आ जाता है और अपनी तकलीफें याद आ जाती हैं। उसकी इच्छा रहती है कि उसका बच्चा उन्हीं यन्त्रणाओं को झेलता हुआ आगे बढ़े। कठिनाइयाँ उठाना स्वयं में कोई गुण नहीं है। लाखों व्यक्ति कठिनाइयाँ उठाते हैं और व्यर्थ उठाते हैं; सफलता फिर भी उनके हाथ नहीं आती। पिता ने कठिनाइयाँ उठाई हैं, इसलिए बच्चा भी उठाए, यह तर्क स्वार्थ से भरा है। कठिनाइयों से ही तो चरित्र नहीं बनता। सच तो यह है कि आर्थिक कठिनाइयों के साथ संघर्ष करने के कारण बहुत-से माँ-बापों का व्यक्तित्व अविकसित रह जाता है। अपने बच्चों को भी उन्हीं कठिनाइयों में से गुज़ारने की उनकी इच्छा बहुत अनिष्टकारी है। ऐसे माँ-बाप में बच्चे के प्रति सच्चे प्रेम की भावना नहीं होती। वे बच्चे का चरित्र बनाने के बजाय बिगाड़ने का काम करते हैं। वे स्वयं एक समस्या बन जाते हैं।

बच्चे के प्रेम पर एकाधिकार पाने की इच्छा भी स्वार्थ है–माँ-बाप का 'अहंभाव' भी बच्चे के चरित्र को दूषित करता है। बाप चाहता है कि सिवाय उसके बच्चे का कोई 'ईश्वर' न हो; बच्चे में उसी की प्रधानता हो। माँ-बाप बच्चे के प्रेम पर भी पूरा अधिकार चाहते हैं। वे हर समय

उससे पूछते रहते हैं, "तू मुझे कितना प्यार करता है?" इस प्रश्न के पीछे माँ-बाप की यह कामना छिपी रहती है कि, "वह उनसे अधिक किसी को प्यार न करे।" बच्चे के मन में यदि किसी और का प्रेम घर करने लगे तो माँ-बाप ईर्ष्यालु हो जाते हैं। बच्चे के प्रेम पर एकाधिकार पाने की इच्छा से माँ-बाप बच्चे की अति चिन्ता शुरू कर देते हैं। यह अति चिन्ता बच्चे के हृदय में माता-पिता के प्रति घृणा के भाव भर देती है; कारण यह है कि बच्चे के लिए अति चिन्ता करने के बाद माँ-बाप बच्चों से भी अपने लिए अति चिन्ता की मांग करते हैं। वे बच्चे को कृतज्ञता से दबाकर उसके जीवन पर एकाधिकार करना चाहते हैं। बच्चे का हृदय स्वतन्त्र होता है। वह इन संकीर्ण बन्धनों से आज़ाद रहना चाहता है। वह खुली हवा में, खुली दुनिया में सबसे खेलना चाहता है। माँ-बाप के लिए ही अति चिन्ता करते हुए उसे अपनी स्वतन्त्रता का त्याग करना पड़ता है, अपने खेल-कूद का त्याग करना पड़ता है। यह त्याग बच्चे के विकास को ही नहीं रोकता, बल्कि बच्चे के मन में माँ-बाप के लिए घृणा भी भर देता है। बर्नार्ड शॉ की यह बात सोलह आने सच है कि, "जिसके लिए हम त्याग करते हैं, उसी से हम आगे चलकर घृणा करने लगते हैं।" माँ-बाप को याद रखना चाहिए कि बच्चा आज़ाद प्राणी है। वह कोई वाद्य यन्त्र नहीं जिसे माँ-बाप इच्छानुसार बजाएं।

बच्चों पर अपना धर्म मत लादिए–जो माँ-बाप बच्चे पर अपना धर्म लादने की चेष्टा करते हैं, वे भी बच्चे के शत्रु हैं। घर के दादा-दादी, चाचा-चाची प्रायः धर्म के नाम पर अपने बच्चों में भय और शंका का ज़हर डालते रहते हैं। बूढ़े होकर अज्ञ आदमी प्रायः प्रगति-विरोधी या परिवर्तन-विरोधी बन जाते हैं। बच्चे में प्रगति का भण्डार होता है। माँ-बाप उस प्रगति पर रोकथाम लगा देते हैं। नतीजा यह होता है कि बच्चे की प्रगति विकृत दिशाओं में चल पड़ती है। उसकी मनःस्थिति विकृत हो जाती है, उसकी प्रवृत्तियाँ दबकर उसके अचेतन में छिप जाती हैं, जो समय पाकर अप्राकृत पापों के रूप में फूटती हैं। ऐसे बच्चे ही बड़े पक्के अपराधी (क्रिमिनल) बनते हैं।

बच्चों की रचनात्मक भावनाओं का सदुपयोग–इसलिए माँ-बाप का यह कर्तव्य है कि वे बच्चे की रचनात्मक वृत्तियों को ठीक रास्ता दिखाने का काम करें न कि उनके निरोध। "जीवन में यदि कुछ है तो वह रचनात्मक क्रिया ही है। यदि हम रचनात्मक होना बन्द कर दें तो हमारी आध्यात्मिक मृत्यु हो जाएगी।"[1] माँ-बाप के नैतिक उपदेशों की तुषार-वर्षा में बच्चे के नवांकुरित मन की कोंपलें मुरझाकर मर जाती हैं। अतः उचित यही है कि नैतिक उपदेशों के काँटों से बच्चे का रास्ता कंटीला न बनाया जाए। उन्हें प्रकृति की प्रेरणा के अनुसार जाने दिया जाए और जीवन का स्वयं अनुभव करके शिक्षा लेने दी जाए। बच्चों का वातावरण ऐसा बनाना चाहिए कि उनकी रचनात्मक शक्तियों को व्यक्त होने का पूरा क्षेत्र मिले। बच्चों के चरित्र-निर्माण में माँ-बाप इससे बढ़कर और कोई सहायता नहीं कर सकते। केवल खिलौनों से बच्चों का मन नहीं बहलाया जा सकता। ऐसे अरचनात्मक खिलौनों से बच्चे बहुत जल्दी थक जाते हैं। उन्हें संतोष तभी होता है जब उन्हें कुछ करने को मिलता है–वह भी एक ऐसा काम जिसकी जीवन में उपयोगिता समझी जाए।

माँ-बाप का यह भी कर्तव्य है कि वे बच्चे में हीनता के भाव पैदा न होने दें। हीनता की भावना[2] विकास की सबसे घातक भावना है। बच्चे में छोटा होने के कारण यों भी हीनता की भावना रहती है–फिर माँ-बाप उसमें अपनी ओर से भी जोड़ देते हैं। बच्चों को कठिन प्रश्न करने के लिए देना भी इसलिए बुरा है कि बच्चे अपने को असमर्थ समझने लगते हैं। उन्हें उनकी शक्ति के अनुसार सरल प्रश्न ही देना चाहिए।

माता-पिता को आलोचक नहीं बनना चाहिए–हीनता का एक कारण माँ-बाप का बच्चों के डील-डौल की आलोचना करनी होती है। मुझे एक ऐसी माता के बारे में पता है जो प्रायः अपने लड़के को 'बांस-सा लम्बा' और लड़की को 'कुबड़ी' कहती है। ऐसी ही एक प्रेमातुर माँ अपनी लड़की

---

1. 'माता-पिता खुद एक समस्या'–नाल
2. Inferiority complex

के सम्बन्ध में प्रायः कहा करती है, "मेरी लड़की अपनी उम्र से बहुत छोटी दिखती है न?" वह अपनी लड़की को बड़ी होने पर भी 'नन्हीं' कहती रही।

माँ-बाप की मूर्खता बच्चों में विचित्र ग्रंथियां पैदा कर देती हैं। प्रायः सभी माँ-बाप बच्चे के जीवन को इतना जटिल बना देते हैं कि उन उलझनों को सुलझाने में ही बच्चे की सारी उम्र खर्च हो जाती है। ऐसे माँ-बाप को मनोविज्ञान की अच्छी पुस्तकें पढ़नी चाहिए। बच्चे को केवल अपना दूध पिलाने के कारण ही कोई माँ अच्छी शिक्षिका नहीं बन जाती। दूध पिलाना सरल है, बच्चे का चरित्र बनाना कठिन है। ऐसी अर्धशिक्षित माताओं से हमारा यही निवेदन है कि वे बच्चों के चरित्र-निर्माण का बीड़ा न उठाएं। उन्हें अपना स्वाभाविक प्रेम ही दें—शिक्षा न दें। अपने जीवन में सुधार करके ही बच्चों को शिक्षा दी जा सकती है। किन्तु कितने माँ-बाप ऐसे हैं जो अपने में सुधार करने की आवश्यकता भी समझते हैं?

मेरा यह अभिप्राय नहीं कि किन्हीं भी माँ-बाप को बच्चों के चरित्र-निर्माण का अधिकार नहीं है। ऐसे सौभाग्यशाली बच्चे भी हैं जिनके माँ-बाप सचमुच बच्चों के चरित्र-निर्माण के लिए कष्ट उठाते हैं।

एक आदर्श गृह-प्रेम की व्यवस्था—मेरे एक मित्र हैं जिनके एक-दो नहीं, बारह बच्चे हैं। जटिल बच्चा अपने घर को और पड़ोसियों के घर को नगर बनाने के लिए एक ही काफी है। पर सुव्यवस्थित बारह बच्चे भी घर की शांति नहीं बिगाड़ते। बारह बच्चों के इस बाप ने उन सबकी नैतिक शिक्षा का भार अपने कंधों पर लिया हुआ है। सुबह ही वह उन्हें लेकर मैदान में ड्रिल करता है। सब मिलकर एक टीम की तरह शारीरिक व्यायाम करते हैं। बाद में वे दो भागों में बँट जाते हैं। वयस्क बच्चों का वह स्वयं मुखिया बन जाता है और छोटे बच्चों की मुखिया उनकी सबसे बड़ी बहन बन जाती है। बाप की गैरहाज़िरी में उसका बड़ा लड़का ही छः बच्चों के व्यवस्थित कामों का उत्तरदायी होता है। इस तरह का श्रम-विभाजन उसने घर के अन्य कार्यों में भी किया हुआ है। दो-तीन लड़कों का दल दूर से पानी भर लाता है और आसपास से लकड़ियाँ चुन लाता है। लड़कियों में दो का काम बाज़ार से चीज़ें लाना है, दो का काम

रोटी बनाना। घर के अन्य काम भी बड़ी व्यवस्था से बंटे हुए हैं। परिवार के सब सदस्य सारा काम अपने हाथ से करते हैं।

उनका घर स्वर्ग बन गया है–नतीजा यह है कि बारह बच्चों का कुटुम्ब बहुत निर्धन होते हुए भी ज़िले-भर में सबसे स्वस्थ है। उनके यहाँ कलह कभी नहीं होती। कलह के लिए उन्हें अवकाश ही नहीं है। वे सब बड़े स्वस्थ रहते हैं, क्योंकि अपने वस्त्र स्वयं धोते हैं। एक-दूसरे की सहायता करते हुए वे बड़े संतोष से, सुख से रहते हैं। उन लड़कियों की शादी जिन घरों में हुई है, वे अपने भाग्य को सराहते हैं। घर को स्वर्ग बना दिया है। उन्होंने बचपन से स्वावलम्बी और व्यवसायप्रिय होने के कारण बच्चों में कार्य-तत्परता कूट-कूट कर भर दी है। मेहनत से वे कभी जी नहीं चुराते। उनका चरित्र स्वयं बन गया है। उन्हें इसका ज्ञान भी नहीं था कि वे चरित्र बना रहे हैं। इस परिवार ने जो आदर्श स्थापित किया है, सभी माँ-बाप उसका अनुकरण कर सकते हैं, यद्यपि मैं 12 बच्चे पैदा करने की नसीहत सबको नहीं दे सकता!

स्वच्छता, आज्ञापालन, व्यवस्था, समय-पालन, परहित-चिन्ता, शिष्ट व्यवहार, नम्रता तथा अनेक अन्य गुण बच्चे अपने शैशवकाल में ही सीख लेते हैं। एक वर्ष की आयु से बच्चा अपना चरित्र-निर्माण शुरू कर देता है। माँ-बाप का अनुकरण वह सब भले-बुरे कामों में करता है। स्कूल जाने की उम्र तक उसके अधिकांश गुण पक चुकते हैं। स्कूल के शिक्षक उसे नई सीख नहीं दे सकते। वे चरित्रहीन विद्यार्थी की उपेक्षा करने लगते हैं। उसे सुधारने का प्रयत्न न करके उसे आँखों से दूर कर देते हैं। नतीजा यह होता है कि ऐसा दुर्विनीत बच्चा शिक्षा की सुविधाओं से भी वंचित रह जाता है। तब वह अपनी शक्तियाँ शरारत की ओर लगाता है। खाली दिमाग शैतान का घर होता है। विकृत मन में शैतान खूब फलता-फूलता है। माँ-बाप भी उन्हें रचनात्मक कार्यों में न लगाकर उनकी ओर से आँख मूँद लेते हैं, उन्हें उनकी दशा पर छोड़ देते हैं, अपना जीवन आप बिगाड़ने की छुट्टी दे देते हैं। बच्चा माँ-बाप के पथ-प्रदर्शन से रिक्त रह जाता है। यह माँ-बाप के प्रमाद का फल है।

खिलौने के चुनाव का चरित्र में स्थान—माता-पिता को न केवल बच्चों के लिए खिलौने चुनने चाहिए बल्कि बच्चे की शक्तियों को सही दिशा में लगाने की भी व्यवस्था करनी चाहिए। और शिक्षा देते हुए उनकी रुचि के योग्य व्यवसाय चुनने में सहायता देने का कार्य भी माँ-बाप को करना चाहिए। यहाँ स्मरण रखना चाहिए कि माँ-बाप को अपनी आकांक्षाओं को बच्चे पर लादने का अधिकार नहीं है। आपको चित्रकला का शौक है और आप उसे अपने जीवन में पूरा नहीं कर सके तो आप उसे अपने बच्चे द्वारा पूरा करना चाहते हैं। यह अनुचित है, अन्यायपूर्ण है। सम्भव है बच्चे को चित्रकला में रत्ती-भर भी रुचि न हो, वह इंजीनियर बनना चाहता हो। आपका कर्तव्य है उसे इंजीनियर बनाने की सब सुविधाएं दें।

14

व्यवसाय और चरित्र-निर्माण

अपने सच्चे व्यवसाय को खोजिए—मनुष्य यदि अपने व्यवसाय में सफल नहीं होता तो उसके चरित्र-निर्माण के सब प्रयत्न बेकार हैं। वेतन की बात छोड़ दें तो हर इन्सान का कोई न कोई व्यवसाय अवश्य होता है। किसी न किसी चेष्टा या चेष्टा-समूह में ही उसका जीवन लीन रहता है। कठिनाई यह है कि वह अपना व्यवसाय पहचान नहीं पाता। एक ही मनुष्य बहुव्यवसायी होता है। मोहन दफ्तर में क्लर्क है, घर में पति है, बच्चों का पिता है, समाज में मन्त्री है, खेल के मैदान में खिलाड़ी है और क्लब में ब्रिज खेलने में सिद्धहस्त है।

श्रीमती मोहन से उनके व्यवसाय की बाबत पूछते ही वे उत्तर देंगी, "मैं गृहिणी हूँ, घर की देखभाल मेरा पेशा है।" अंग्रेज़ी वाले उनके पेशे के खाने में लिख देंगे : पेशा—हाउस वाइफ़। किन्तु यह सबको मालूम है कि गृहिणी होने का मेहनताना स्त्री को नहीं मिलता। फिर भी उसका व्यवसाय घर की देखभाल करना है। किन्तु यह उनका व्यवसाय है—इस बात से प्रायः सभी पत्नियां बेखबर होती हैं। अक्सर वे यही कहा करती

हैं–स्त्रियों को भी कोई व्यवसाय करने का अधिकार होना चाहिए। मन की यह अवस्था स्वस्थ नहीं है। हमें ठहरकर सोचना होगा कि हमारा व्यवसाय क्या है? हमें इसका निश्चित ज्ञान होना चाहिए। तभी हम पूरी लगन से, पूरी ज़िम्मेदारी से उस काम को निभा सकते हैं।

अपने व्यवसाय को रोटी का आज्ञापत्र नहीं मानना चाहिए–अपने व्यवसाय को रोटी का परमिट देनेवाला टिकट मानना जीवन की भारी उम्मीदों में से एक है। केवल कुछ प्रतिभाशाली ही ऐसा नहीं मानते। किन्तु वे तो अपवाद हैं। ऐसे विरले आदमियों का पन्थ निराला ही है। साधारण व्यक्ति उनका अनुकरण नहीं कर सकते। इसीलिए व्यवसाय के नाम पर, व्यवसाय के समय वे अपनी रुचि से सर्वथा विरुद्ध काम केवल रोटी की खातिर किया करते हैं। कुछ चित्रकार हैं जो सप्ताह में छः दिन ऐसे चित्र बनाते रहते हैं जिन्हें देखकर वे भी लज्जित हों और केवल अवकाश के समय इतवार को अपने मन के चित्र बनाते हैं। ऐसे कवि हैं जो आजीविकोपार्जन के लिए तो बेहूदा अश्लील फिल्मी गाने लिखते हैं और रात के अवकाश में स्वान्तः सुखाय ऊँचे गीतों की रचना करते हैं। ऐसे कलाकार कला से वेश्यावृत्ति करवाते हैं। इससे भी अधिक दुर्भाग्य यह है कि वे अपने व्यवसाय से, उस काम से जो उनको अन्न देता है, घृणा करते हैं। वे अपने से घृणा करने लगते हैं।

कोई भी व्यवसाय घृणित नहीं है–कोई भी काम स्वयं घृणित नहीं है। करनेवाले की मनोवस्था ही घृणित या गौरवान्वित, ऊँचे या नीचे दर्जे को बनाती है। मन से न पढ़ानेवाले प्रोफेसर की अपेक्षा पूरे मन से सड़क पर झाड़ू देनेवाला भंगी अधिक प्रतिष्ठित काम करता है। एक हलवाई की दुकान पर ऐसी स्वादिष्ट मिठाई बनाना, जिस पर दुकानदार अभिमान कर सके और जिसे ग्राहक सराहें, अधिक अच्छा है अपेक्षा उस अखबार में ऊँचे वेतन पर सम्पादक बनकर काम करने के जहाँ आपको अपनी आत्मा के विरुद्ध लिखना पड़ता हो और ऐसी बातों का प्रचार करना पड़ता हो जिन्हें आप मन से घृणा करते हैं।

अतः जीविकोपार्जन के लिए व्यवसाय का चुनाव करते हुए आपको

यह ध्यान कर लेना चाहिए कि कहीं आपको अपनी आत्मा के विरुद्ध आचरण तो नहीं करना होगा। व्यवसाय के साथ मनुष्य का चौबीस घंटे सम्पर्क रहता है। उसके व्यवसाय का चरित्र बनाने में बहुत बड़ा भाग है।

काम के समय खेल और खेल के समय काम–अपने काम में मनुष्य को इतनी दिलचस्पी होनी चाहिए कि वह खेल-खेल में सब काम कर सके। काम के समय काम और खेल के समय खेल का मुहावरा गलत है। काम के समय खेल और खेल के समय काम करने से ही खेल और काम एक सदृश हो सकेंगे। काम से आनन्द की प्रतीति न हो तो वह छोड़ देना चाहिए। जीवन का बड़ा भाग निरानन्द काम में बिता देना सबसे बड़ा दुर्भाग्य है। उपनिषद का कथन है कि "आनन्द से ही विश्व बना है।"[1] वेतन के लिए काम करना फल की आकांक्षा से काम करना है, परन्तु आनन्द की प्रेरणा से काम करना ही वह निष्काम कर्म है, जिसका वर्णन गीता में है।

पत्नियों का व्यवसाय गृहस्थी का व्यवसाय है। उसी काम में उनका व्यक्तित्व बनता है। उसे काम न समझकर स्कूल की अध्यापकी करने वाली पत्नियां बड़ी भूल करती हैं। अपने गृहस्थ के कामों में यदि उन्हें आनन्द नहीं आता तो वे गृहस्वामिनी होकर, पत्नी होकर पति को धोखा देती हैं, गृहस्थ की पवित्रता को कलंकित करती हैं। सच्चाई की मांग है कि वे गृहस्थ का कार्यभार छोड़कर अध्यापिका ही बनें। इस परिवर्तन से उन्हें आनन्द मिलेगा और उन्हें जन्म-भर पाखंड के कुचक्र में पिसना नहीं पड़ेगा।

घर के काम में ही पत्नी को आनन्द लेना चाहिए, यह कह देना जितना आसान है उतना आनन्द लेना आसान नहीं। बाहर के कामधंधों की उन्नति बहुत जल्दी सामने आ जाती है। चार्ट या ग्राफ बनाकर आप अपने काम का परिणाम तुरन्त माप सकते हैं। घर में ऐसी लाभ-हानि के जोखने का कोई इन्तज़ाम नहीं। बच्चे की मानसिक उन्नति हो रही है या नहीं, उसे साल-भर में ज़ुकाम कितनी बार हुआ, कम हुआ या

1. आनन्दाध्येव खल्विमानि सर्वाणि भूतानि जायन्ते।

अधिक, इन्हीं बातों से गृहिणी का काम नापा जा सकता है ये मापदण्ड अस्पष्ट और बरसों बाद कुछ परिणाम दिखानेवाले हैं।

गृहकार्य में कठिनाइयाँ–घर के काम में तरक्की भी नहीं मिलती। काम ज़्यादा करो या कम, गृहिणी वहीं की वहीं रहेगी। अच्छा या ज़्यादा करने से उसको न तो कोई ओहदा बड़ा मिल जाएगा, न ही उसके बैंक की रकम में वृद्धि होगी।

घर के काम की सीमा में समय नहीं है। चौबीस घंटे का काम है। पत्नी चौबीस घंटे अपने कारखाने में रहती है। कोई परिवर्तन नहीं, विविधता नहीं। उसे ऐसे विविध काम करने पड़ते हैं कि दिमाग चकरा जाए। उसका काम यन्त्रवत् काम करना नहीं। सब काम अपनी बुद्धि से सँवारकर करना पड़ता है।

घर के काम का कोई चमकता भविष्य भी नज़र नहीं आता। उस काम से पत्नी का भविष्य क्या बनता है? पैंतालीस वर्ष की उम्र तक पति तो अपनी सफलता के मद में झूमता नज़र आता है और पत्नी का व्यक्तित्व मुरझाकर समाप्त हो जाता है।

इतनी कठिनाइयों के होते हुए भी पत्नी को अपना काम दिलचस्पी से करना चाहिए, क्योंकि काम का आनन्द काम के परिणाम में नहीं, काम करने में ही है। प्रेम-प्रेरित कर्म का फल प्रेम के सिवाय कुछ नहीं होता।

घर फूलों की सेज है, काँटों की झाड़ी नहीं–''मैं बच्चों के लिए जी रही हूँ'' यह कहना ही बुरा नहीं है बल्कि ऐसी मनःस्थिति भी गहरे असन्तोष को जतलानेवाली और अस्वास्थ्यकर है। घर का ताना-बाना प्रेम से बुना जाता है, बलिदान से नहीं। घर सुन्दर फूलों का बगीचा है, काँटों की सेज नहीं है। जहाँ वह काँटों की सेज है वहाँ घर के सब सदस्यों के लिए है। जब प्रेम न हो तो फूल भी काँटे बन जाते हैं। प्रेम हो तो काँटों की झाड़ियाँ ही पुण्यशय्या का काम देती हैं। जिसके लिए केवल बलिदान किया जाता है, प्रेमहीन कर्म किया जाता है, उसे मन से आप घृणा करते हैं, अन्यथा अपने काम को आप कभी बलिदान न कहें। ऐसे बलिदान-प्रेरित गृहकर्म की अपेक्षा उस कर्म का त्याग ही श्रेयस्कर है,

क्योंकि अनमने दिल से घर का काम करने से न केवल आप अपना जीवन बर्बाद करती हैं बल्कि सन्तान का भविष्य भी बिगाड़ती हैं।

पत्नियों को पति के व्यवसाय के सम्बन्ध में कैसी मनःस्थिति रखनी चाहिए, इस प्रश्न पर भी दो शब्द कह देना उचित होगा। अभी तक समाज की व्यवस्था जैसी है उसमें पति की आजीविका ही ऐसा केन्द्र-बिन्दु है जिसके इर्द-गिर्द पारिवारिक जीवन का गोल बनता है। अर्थात् कमाई थोड़ी हो या अधिक, वह कमाई ही घर का आधार होती है। जहाँ पत्नियां स्वयं कमाई करने लगती हैं वहाँ भी यही बात सच है। उनकी कमाई से घर का खर्च चलाने की बात अभी हमारे मन को जँचती नहीं। इसे पुराना संस्कार कहिए या पुरुष की प्रभुता-प्रियता। आज तक दुनिया के हर हिस्से में यही प्रथा प्रचलित है। और वे संस्कार इतने गहरे जा चुके हैं कि उन्हें तर्क की नोक से इतनी जल्दी बाहर निकाल फेंका नहीं जा सकता। जब तक वे संस्कार हैं तब तक पत्नी का यह कर्तव्य है कि वह पति के व्यवसाय को ही घर की नींव माने। पति को ही घर का स्वामी मानकर उसकी प्रभुता को पनपने दे, उसके व्यवसाय को घर के लिए अभिमान का कारण समझे। प्रायः पुरुष को अपने व्यवसाय से प्रेम होता है। स्त्री को उसके व्यवसाय के प्रति आदर-भाव दिखाना चाहिए। उसकी कमाई को 'थोड़ा' या 'बेकार' कहकर उसके दिल पर चोट नहीं पहुँचानी चाहिए।

इसी तरह पति को पत्नी के कार्य का सम्मान करना चाहिए। इस परस्पर सम्मान से ही प्रेम बढ़ता है।

15

आर्थिक अवस्था का चरित्र पर प्रभाव

धन स्वयं अच्छा है न बुरा–आज के युग में मनुष्य के व्यक्तित्व में धन का बहुत बड़ा हाथ माना जाता है। धन की शक्ति अन्य शारीरिक, मानसिक व आत्मिक शक्तियों से अधिक महान् मानी जाती है। यह अर्थयुग का अभिशाप है। धन-संग्रह को सुखी जीवन का एक उपकरण-मात्र समझने

के स्थान पर लोग इसे ही ध्येय मान बैठे हैं। धन ही उनका देवता हो गया है और धन ही उनका निर्माण। व्यवसाय-युग ने ही मनुष्य का यह दृष्टिकोण बना दिया है। युग की कुछ बुराइयाँ हैं, कुछ भलाइयाँ। हमारा जीवन दोनों से ओतप्रोत है। इन्हीं विषम घाटियों के बीच में से हमें गुज़रना है। धन की भलाई-बुराई उसका उपयोग करनेवाले की मनःस्थिति पर निर्भर करती है। इसका उपयोग रचनात्मक व विनाशात्मक दोनों कार्यों में हो सकता है। सदुपयोग से यह सबसे बड़ा वरदान और दुरुपयोग से अधमतम अभिशाप बन जाता है।

'धन' एक अपेक्षित शब्द है–धन का दुरुपयोग या विनाशात्मक उपयोग प्रायः वहीं होता है जहाँ यह आवश्यकता से अधिक हो। धन के क्षेत्र में 'अधिक' शब्द भी बड़ा अस्पष्ट-सा शब्द है। इसकी ठीक व्याख्या नहीं की जा सकती। आपके दस रुपये उतनी ही चीज़ें खरीद सकते हैं जितने मेरे दस रुपये, इसलिए उन दस रुपयों का विनिमय-मूल्य एक-सा है। किन्तु संभव है आपके दस रुपयों का मूल्य आपके लिए उतना न हो जितना मेरे दस रुपयों का मूल्य मेरे लिए है। आपके दस रुपये आपको किसी बढ़िया होटल में एक समय का खाना खिला सकते हों, किन्तु मेरे दस रुपये मुझे अकेले के लिए नहीं, मेरे परिवार के लिए भी सप्ताह भर राशन दे सकते हों।

दो हज़ार रुपया प्रतिवर्ष खर्चने वाले लोग बीस हज़ार सालाना खर्च करनेवालों को फिजूलखर्च और अय्याश समझते हैं और बीस हज़ार वाले दो हज़ारवालों को दरिद्र और असहाय समझते हैं। यह कशमकश सदियों से चली आई है और जारी रहगी। इस विषमता को दूर करने के उपाय सुझाना इस पुस्तक का ध्येय नहीं है। मैं तो केवल ऐसे सुझाव रखने की कोशिश करूँगा जिनकी सहायता से आप अपने उपार्जित धन का मूल्य बढ़ा सकते हैं। आप ऐसा कर सकेंगे तो आपको धन की कमी कंगाल नहीं बनाएगी और धन की प्रचुरता दुश्चरित्र नहीं बनाएगी। चरित्रवान व्यक्ति थोड़े धन में भी समृद्ध हो सकता है।

व्यय की व्यवस्था कीजिए–व्यवस्था का अभिप्राय पाई-पाई के हिसाब से या रोकड़ लिखने अथवा बही-खाते बनाने से नहीं है। दो पैसे का

रोकड़ मिलाने के लिए सारी रात जागकर दो आने का तेल खर्च करना मूर्खता की पराकाष्ठा है। भागीदारी व्यापार में ऐसा करना शायद कुछ अर्थ रखता हो, किन्तु घर के या एक व्यक्ति के रोज़नामचे में ऐसा हिसाब एक सनक के सिवा कुछ नहीं। व्यवस्था से अभिप्राय केवल यह है कि हमें अपनी आमदनी को देखते हुए अपने खर्चों की योजना बना लेनी चाहिए। आमदनी दो हज़ार हो तो खर्च दो हज़ार से कुछ कम होना उचित है। जिसका व्यय आय से कम होगा वह सदा अमीर रहेगा। किन्तु व्यय की यह कमी आय से बहुत कम नहीं होनी चाहिए। अपनी आय को देखकर ही हमें अपने घर का, घर की सजावट का, अपने वस्त्रों का और बच्चों की शिक्षा का दर्जा निश्चित करना है। एक बार इनका निश्चय कर लीजिए। और फिर जब तक आपकी आय में कमी-बेशी न हो उसी में संतुष्ट जीवन बिताइए। बार-बार उसमें हेर-फेर करने या दूसरों को देखकर आह भरने की आदत छोड़ दीजिए। अपने जीवन को व्यवस्थित करने की यह स्वर्णिम योजना है।

एक बात का ध्यान रखिए। यदि आपकी आमदनी में पाँच सौ रुपये की वृद्धि होती है तो आप सभी मदों में तरक्की नहीं कर सकते। आमदनी बढ़ते ही सब ओर फैलना शुरू मत कीजिए। यदि आप अपने रहन-सहन से संतुष्ट हैं तो उसे वैसा ही रहने दीजिए। इस अचानक आये धन को अचानक आपत्ति से बचने के लिए सुरक्षित रख लीजिए। इस तरह सुरक्षित रखा हुआ धन आपको जितना संतोष देगा उतना उसके खर्च करने से पाया हुआ क्षणिक आनन्द नहीं। इस रकम को ऐसे मद में रख दीजिए जहाँ वह देर तक अछूती रह सके। लक्ष्मी बड़ी चंचल होती है। भाग्याकाश में अचानक चमके तारे के प्रकाश में जीवन-यात्रा पूरी नहीं हो सकती। लक्ष्मी का सम्मान करना चाहिए। मितव्ययिता में ही उसका सम्मान है। अतिव्यय करना उसका अपमान करना है।

अपना चुनाव आप कीजिए–आवश्यक और अनावश्यक व्यय की मदों का निश्चय करना व्यक्तिगत चुनाव पर निर्भर करता है। प्रत्येक व्यक्ति को अपनी रुचि के अनुसार इसका निश्चय करने का अधिकार

है। किसी दूसरे का इसमें दखल नहीं है। पड़ोसी के चुनाव को अनावश्यक फिजूलखर्ची कहना और अपने चुनाव को आवश्यक व्यय कहना मनुष्य की ईर्ष्यालु मनोवृत्ति को प्रकट करता है। हमारा मकान बनाने में हज़ारों रुपया खर्च कर देना दूरदर्शिता है, और दूसरे का उतने ही धन में मोटर रखना, या घर की सजावट का फर्नीचर खरीदना अपव्यय है–यह तर्क सच्चा नहीं है। कुछ लोग मोटर से भी व्यापारिक लाभ उठा लेते हैं और कुछ मकान बनाकर भी रुपये को मिट्टी कर देते हैं और गरीबी में ही शेष ज़िन्दगी गुज़ारते हैं। आवश्यक व्यय से अतिरिक्त धन को खर्च करने में पूरी स्वतंत्रता होनी चाहिए। तुलना करना बहुत बुरी आदत है। अपनी रुचि के अनुसार उसे खर्च करना चाहिए।

हाँ, एक बात का ध्यान रखना चाहिए। हम अपनी रुचि के अनुसार ही खर्च करें, पड़ोसियों की रुचि के अनुसार नहीं। अपव्यय प्रायः दूसरों की नज़रों में अमीर बनने के लिए ही होता है, आत्मतुष्टि के लिए नहीं। यह बुरा है, चरित्र की निर्बलता का चिह्न है। दूसरों को जलाने के लिए हम जिस धन की होली खेलते हैं उससे हमारा भविष्य भी जलता है। अपने आराम के लिए, सामाजिक परितोष के लिए ही हमें धन का व्यय करना चाहिए। किन्तु होता इसके विपरीत है। बड़े-बड़े दुकानदार या विज्ञापनदाता इससे लाभ उठाते हैं। इश्तहारबाज़ी से वे जो फैशन प्रचलित कर देते हैं, हर अमीर को उसका गुलाम बनना पड़ता है। बड़े घरों की औरतें इश्तहार देखकर ही अपनी रुचि बनाती हैं। जिस चीज़ का रिवाज चल पड़ा उसे खरीदना हर आदमी का धर्म हो जाता है। यह कोई नहीं देखता कि कौन-सा साबुन उसकी त्वचा के लिए अनुकूल होगा; जिस साबुन का रिवाज होगा वही खरीदा जाएगा। पुस्तकें पढ़ने की फुर्सत न होने पर भी अमीर लोग हज़ारों की पुस्तक खरीदकर लाइब्रेरी बना लेंगे। मोटर के नये से नये मॉडल खरीद लाएंगे। मध्यस्थिति के लोग भी इस प्रतियोगिता की आग में अपनी मेहनत की कमाई झोंकने लगते हैं। अनुकरण करने का यह रोग जिसे लग गया वह अपने धन को सस्ता बना लेगा। इसलिए कल्याण इसी में है कि आप केवल अपनी रुचि को

देखकर ही यह निश्चय करें कि आप कौन-सी वस्तु पहले और कौन-सी बाद में खरीदना चाहते हैं। यह बात आपका दिल ही जानता है कि आप अपनी वेशभूषा में 101 रुपया फालतू लगाना पसन्द करेंगे या पर्वतयात्रा में व्यय करना, ग्रामोफोन के नये रिकॉर्ड लाएंगे या किसी पत्रिका के नये ग्राहक बनेंगे। अपना चुनाव स्वयं कीजिए और दूसरों को उनका चुनाव करने दीजिए, उनसे ईर्ष्या न कीजिए, क्योंकि यदि आप भी चाहते तो वही वस्तु ले सकते थे। आपने अपनी इच्छा से उस वस्तु का त्याग किया है।

स्वयं किसी को धन से मत परखिए–जो लोग अपनी 'हैसियत' के लिए खर्च करते हैं वे अपने दम्भ व पाखण्ड के लिए करते हैं। जिस 'हैसियत' की इमारत को पैसे की लीपापोती से खड़ा किया जाएगा, वह आज नहीं तो कल गिर जाएगी। ऐसी थोथी हैसियत से बे-हैसियत होना अच्छा है। दूसरों की नज़रों में हैसियतदार दिखाई देने के लिए धन का अपव्यय करना नितान्त मूर्खता है। आपकी इज़्ज़त आपके चरित्र में है, उस धन में नहीं जिसका तोल-माप दूसरे लोग करते हैं। इस सम्बन्ध में एक बार याद रखिए। जिस दिन से आप दूसरों की हैसियत का माप उनके पैसे से करना बन्द कर देंगे उसी दिन से दूसरे लोग आपकी इज़्ज़त को चांदी के बट्टों में तोलना बन्द कर देंगे।

दूसरों को तोलते हुए हम स्वयं तुल जाते हैं–जिस तराजू पर आप दूसरों को तोलते हैं उसी पर दूसरे आपको तोलते हैं। सच तो यह है कि दूसरों को तोलते हुए आप स्वयं तुल जाते हैं। दूसरों की अमीरी का पर्दा उठाने के साथ आपकी गरीबी पहले नंगी हो जाती है। कुछ लोग अपने मित्रों से मिलने पर भी उनके अमीर-गरीब होने या काम-काज के भले-बुरे होने की जाँच-पड़ताल शुरू कर देते हैं। वे ऐसा सहानुभूति के भाव से नहीं, तुलना के भाव से ही करते हैं। मित्र के मुख से उनकी मन्दी की बातें सुनकर उन्हें आह्लाद होता है। शिष्ट व्यक्ति इस पूछताछ में नहीं पड़ते। औरतों में भी सभ्य औरतें वही हैं जिनकी नज़र सामनेवाली के ज़ेवरों पर या साड़ी-बार्डरों पर नहीं जाती। ज़ेवरों का चलन दूसरे की नज़रों में अमीर दिखाई देने के लिए ही हुआ है। साधारणतया ज़ेवरों से

ही औरत की कीमत मापी जाती है। अन्दर से जो जितनी हल्की होगी उतने ही भारी ज़ेवर पहनेगी। सौन्दर्य-सज्जा के लिए जो स्त्रियाँ हल्के, कलापूर्ण आभूषण पहनती हैं वे सुन्दर बनने की स्वाभाविक इच्छा पूरी करती हैं। किन्तु सोने की ज़ंजीरों से गला घोंटने की कोशिश करनेवाली स्त्रियाँ प्रायः नैराश्य-पीड़ित और प्रेम-तिरस्कृत होती हैं। सोने-चांदी के झिलमिल प्रकाश में ही वे अपने अंधेरे जीवन का सहारा ढूँढती हैं। उनसे ईर्ष्या नहीं, सहानुभूति होनी चाहिए।

आय का सदुपयोग कीजिए–आपको अपनी आमदनी में से कितना बचाना चाहिए? मैं कुछ भी नहीं कह सकता। सबकी परिस्थितियां जुदा-जुदा हैं, अमीर के बेटे को उतना बचाने की ज़रूरत नहीं जितना साधारण स्थिति के आदमी को। अपनी स्थिति को देखते हुए सबको कुछ न कुछ अवश्य बचाना चाहिए। बचत की मात्रा का निश्चय सब लोग स्वयं कर सकते हैं, कोई दूसरा सलाह नहीं दे सकता।

बचत का सदुपयोग कैसे हो–कौन कितनी बचत करता है, यह प्रश्न उतना विचारणीय नहीं, जितना यह कि बचत का सदुपयोग किस तरह किया जा सकता है। स्मरण रहे कि पहली बचत सबसे कठिन होती है। एक बार बचत करने का निश्चय करके जो कुछ बचे उसे ऐसी जगह लगा देना चाहिए जहाँ से उसे निकाला जा सके। उस बचत को व्यापार या सट्टे में लगाकर बढ़ाने की आशा रखना मृगतृष्णा है। मैं मध्यस्थिति के ऐसे सैकड़ों व्यक्तियों को जानता हूँ जो अपनी बचत को सट्टा-बाज़ार में लगा देते हैं, उनका यह मुहावरा कि 'माया को माया मिले कर-कर लम्बे हाथ' उनकी बचत के थोड़े से रुपयों पर चरितार्थ नहीं होता। बचत की छोटी-सी रकम उनके लिए भले बड़ी महत्त्वपूर्ण माया हो, मायावालों के सामने उसकी कोई कीमत नहीं।

बचत का उपयोग परिवार की सुरक्षा में होना चाहिए। सुरक्षा का साधन यह नहीं है कि बैंक की कापी में संख्यावृद्धि हो जाए। सच्ची सुरक्षा बच्चों को ऊँची शिक्षा देने और उन्हें योग्य बनाने में है। बच्चों को स्वावलम्बी, साहसी तथा दृढ़व्रती बनाने में खर्च करना, सरकारी दस्तावेज़

खरीदने में रकम खर्च करने से अधिक सुरक्षित है। सब दानों से बड़ा दान ब्रह्मदान[1], ज्ञानदान है। वसीयत में दिया हुआ धन बहुत बार बच्चों को प्रमादी बना देता है। सच्चा धन शिक्षा ही है। जो कुछ है सब बच्चों की शिक्षा पर खर्च कर दीजिए। वसीयत में देने के लिए एक पाई भी न बचे तो परवाह नहीं, किंतु बच्चों की शिक्षा पूरी होनी चाहिए। बचत का सर्वश्रेष्ठ उपयोग बच्चों को शिक्षा देने में खर्च करना है। शिक्षा अक्षराभ्यास का नाम नहीं है। शिक्षा वह है जो बच्चे के चरित्र को सबल बनाए, जो उसे जीवन-संग्राम में सफलता से जूझना सिखाए। यह चरित्र ही आत्मबल है, जो बुद्धिबल से भी ऊँचा है।

16

ईश्वर-विश्वास

श्रद्धा और चरित्र–प्रेम जब शारीरिक क्षेत्र से ऊपर आत्मिक क्षेत्र में आ जाता है तो उसे श्रद्धा कहते हैं। तर्क से या बुद्धि से जब हम ईश्वर की अनन्त शक्तियों की थाह नहीं ले पाते तो अपने मापकयन्त्र को समुद्र में फेंक देते हैं, लहरों में अपनी नाव को छोड़ देते हैं, हवा का रुख अपनी इच्छा से जिधर चाहे ले जाता है। तब हम अनुभव करते हैं कि हम व्यर्थ ही इन लहरों से लड़ रहे थे। ये लहरें हमें झुलाती हैं, कभी ऊपर, कभी नीचे। हिलोरों में जो आनन्द हमें आता है वही जीवन का आनन्द है। तब हमें याद आता है कि समुद्र की छाती चीरकर पार जाने का हम व्यर्थ ही प्रयत्न कर रहे थे।

श्रद्धामय जीवन व्यतीत करनेवाले को तर्क के चप्पुओं का प्रयास व्यर्थ लगने लगता है। जिस नाव के चप्पू ईश्वर के हाथ में हों उसे किसका भय? ईश्वर उस नाव को पार करता है। भय तो उसी को होता है जो अपने कमज़ोर हाथों पर भरोसा रखता हो। सर्वशक्तिमान का आंचल पकड़ते

1. सर्वेषामेव दानानां ब्रह्मदानं विशिष्यते।

ही मनुष्य निर्भय हो जाता है। उसके स्पर्श से ही मनुष्य में अजेय बल आ जाता है। उसके व्यक्तित्व में ईश्वर का प्रकाश भर जाता है। उसका चरित्र सब दिव्य गुणों से पूर्ण हो जाता है। इसलिए चरित्र-निर्माण की कोई भी योजना ईश्वर-विश्वास के बिना पूरी नहीं हो सकती। एक ओर दुनिया की सब ताकतें हों और दूसरी ओर ईश्वर की कृपा हो तो दूसरा पक्ष ही विजयी होगा! कुछ लोग इसे दैव भी कहते हैं। दैव कहिए या भाग्य, अभिप्राय ईश्वर-कृपा से ही है। उसकी कृपा पर अटल विश्वास रखना ही श्रद्धा है।

भगवान को जीवन-रथ का सारथी बनाओ–भगवान कृष्ण के पास कौरव और पांडव जब एक साथ पहुँचे तो भगवान ने उन दोनों के सामने यह चुनाव रख दिया कि एक पक्ष में उनकी समस्त शस्त्र-सज्जित सेना होगी, दूसरे पक्ष में वे निरस्त्र रहेंगे। दुर्योधन ने उनकी सज्जित सेना को लेना पसन्द किया, अकेले कृष्ण पांडवों के पक्ष में आए। इतिहास साक्षी है कि दुर्योधन ने भूल की थी। अकेले भगवान अपनी समस्त सेना से अधिक शक्तिशाली सिद्ध हुए। बिना लड़े केवल अर्जुन के रथ के सारथी बनकर ही उन्होंने पाण्डवों को जिता दिया।

'दुर्योधन ने भूल की थी।' आज हम सब यही कहते हैं, किन्तु हम भी अपने जीवन में पग-पग पर यही भूल करते हैं। ईश्वर की उपेक्षा करके हम संसारी शक्तियों के सैन्य-बल पर जीवन में विजय पाना चाहते हैं, किंतु विजय उन्हीं को मिलती है जो सबको छोड़ केवल ईश्वर को अपने रथ का सारथी बनाते हैं।

जो विराट ईश्वर विश्व के असीम-अनन्त आकाश में भी पूरा नहीं समा पाता, उससे भी बड़ा है वह जो हमारे अंगुष्ठ-मात्र हृदय में सिमटकर बैठा है। वह अपनी इच्छा से हमारी आत्मा में आत्मरूप होकर प्रविष्ट हुआ है।[1] वही हमारे अन्धकारमय हृदय की ज्योति है,[2] फिर भी हम उसको

---

1. आत्मनात्मानमभिसंविवेश तत्सृष्ट्वा तदेवानुप्रविशत्।
2. ज्योतिरात्मनि नान्यत्र सर्वजन्तुषु तत्सम।

अपने पक्ष में न लेकर संसारी उपकरणों पर भरोसा करने लगते हैं। यह भूल हमें जीवन में परास्त कर देती है। कदम-कदम पर हम ठोकरें खाते हैं। छोटी-छोटी सफलता हमारे मन को झकझोर डालती है। अपने मन से हम हवाई किले बनाते हैं। स्वप्नों का ताना-बाना बुनते हैं। कल्पना के पंखों पर बैठकर दुनिया की ओर-छोर को छूने के लिए उड़ान भरते हैं, किन्तु कल्पनाओं का यह कोहरा जीवन की सच्चाइयों के प्रकाश में बहुत जल्दी छिन्न-भिन्न हो जाता है। स्वप्नों का ताना-बाना हवा के एक ही झोंके में टूट जाता है। कारण, कि अपने स्वप्नों और अपनी कल्पनाओं का महल बनाने से पहले हम इन स्वप्नों के मालिक का आशीर्वाद लेना भूल जाते हैं। हम संसारी शक्तियों के भरोसे अपना महल खड़ा करने का निश्चय करते हैं, किन्तु उन शक्तियों के स्वामी की चरण-धूलि लेना भूल जाते हैं। चरण-धूलि क्यों? वह तो हमारे हृदय में ही बैठा है। उसका नाम लेना अलग, उसका स्मरण तक करना भूल जाते हैं।

भगवान ने अर्जुन को आदेश दिया था, "तू मेरा नाम लेकर युद्ध में जूझ जा";[1] यही आदेश ईश्वर का वह आदेश है जो वह मनुष्यमात्र को देता है। ईश्वर का नाम लेकर जीवन-युद्ध में जूझने वालों को कभी निराशा नहीं होती, हार नहीं होती।[2] सुख-दुःख, लाभालाभ, जय-पराजय सबके लिए उनका ईश्वर ही ज़िम्मेदार होता है। इस युद्ध के पाप-पुण्य में भी वे लिप्त नहीं होते, न वे सुख में फूलकर कुप्पा होते हैं और न ही दुःख में डूबकर निश्चेष्ट हो जाते हैं।[3] उनकी हर सांस से यह आवाज़ निकलती है, "ईश्वर! तेरी इच्छा पूर्ण हो!"

'ईश्वर तेरी इच्छा पूर्ण हो!' जीवन का यही गुरु-मन्त्र है–ईसामसीह के हाथों में जब मेख ठोंकी जा रही थी तो हथौड़े की हर चोट पर उनके

---

1. तस्मात्सर्वेषु कालेषु मामनुस्मर युध्य च। —महाभारत
2. कौन्तेय प्रतिजानीहि न मे भक्तः प्रणश्यति।
3. सुखदुःखे समे कृत्वा लाभालाभौ जयाजयौ।
   ततो युद्धाय युज्येस्व नैवं पापमवाप्स्यसि।।—गीता

मुख से आह निकलने के स्थान पर यही शब्द निकलते थे, "ईश्वर, तेरी इच्छा पूर्ण हो!" हत्यारे के हाथों से विष खाकर स्वामी दयानन्द ने प्राण छोड़ते हुए यही शब्द कहे थे, "ईश्वर तेरी इच्छा पूर्ण हो!" छाती पर गोली खाकर अन्तिम श्वास के साथ महात्मा गांधी के मुख से यही शब्द निकला था, "हे राम! तेरी इच्छा पूर्ण हो!"

मृत्यु के समय हम राम की गोद में विश्राम लेना चाहते हैं, जीवन में भी यदि हम अपने को राम के हाथ सौंप सकें तो हमारा जीवन कितना ऊँचा हो जाये। भगवान तो कहते हैं कि मुझे ही सब कर्म-अकर्म अर्पित कर दे। मेरा भक्त बन जा।[1] मैं तेरे सारे दुखों को दूर कर दूंगा।[2] किन्तु हम अहंकारवश अपने निर्बल कंधों पर ही अपना भार उठाए फिरते हैं। अपना ही नहीं, हम तो दुनिया-भर का भार उठाने का दम भरते हैं। अपनी ही चिन्ता से हमें अवकाश नहीं मिलता; विश्व-भर की चिन्ता का ढोंग करके हम आत्म-चिन्तन के स्वार्थमूलक पाप को छिपाने का यत्न करते हैं।

ईश्वर के हाथ जीवन की बागडोर देकर जो निश्चिंत हो जाते हैं वे ईश्वर के मार्ग पर आगे ही आगे बढ़ते जाते हैं। अर्जुन ने अपना रथ भगवान के हाथ में दे दिया था। हम भी अपना रथ भगवान के हाथ देकर जीवन की यात्रा पूरी कर सकते हैं। यह यात्रा विजय की यात्रा है। हम ईश्वर के वरद पुत्र अपने पिता के नेतृत्व में आगे बढ़ रहे हैं। हमें भय और चिन्ता क्या? हमारी प्रकृति, हमारा स्वभाव, हमारा चरित्र वही है जो ईश्वर का चरित्र है। ज्योतिर्मय भगवान के रास्ते पर चलते हुए हम अन्धकार में भटक जाएं तो दोष किसका? परम शक्ति के पुत्र होते हुए भी हम अपने को नाचीज़, पतित बना लें तो हमसे बड़ा मूर्ख कौन होगा?

आशा के अगणित दीप पथ-प्रदर्शन कर रहे हैं–हमारा चरित्र-निर्माण वह स्वयं करता है। पिता अपनी आत्मा से अपने पुत्र का चरित्र बनाता

---

1. मन्मना भव मद्भक्तो मद्याजी माँ नमस्कुरु।
2. अहं त्वा सर्वपापेभ्यो मोक्षयिष्यामि मा शुचः।–गीता

है। वह स्वयं हमारी आत्मा बनकर हमारे अन्दर रहता है। 'उसके सबल हाथों में आशा के अगणित दीप जल रहे हैं, उन दीपों में अटल विश्वास की लौ जल रही है। प्रलय भी उन सदा जलते दीपों को नहीं बुझा सकती।

ईश्वर-विश्वासी को दुश्चरित्र होने का भय कहाँ? अस्थिर भोगों की आग में वही जलता है, जिसे स्थिर आनन्द की आशा नहीं होती; जो यह समझता है कि जवानी आज है, कल नहीं; जिसे यह विश्वास नहीं होता कि आज का डूबा सूरज कल निकलेगा। जो ईश्वर की अमरता पर विश्वास रखेगा। वह अपनी अमरता पर, अपने यौवन की अमरता पर भी आस्था रखेगा। वह अपनी भोगशक्ति को मर्यादा में रखकर अक्षय यौवन का आनन्द उठाएगा। भविष्य पर विश्वास न रखने वाला संशयात्मा ही दुश्चरित्र होता है। वह बुझने से पहले टिमटिमाते दीपक की तरह अन्तिम बार भभककर बुझ जाता है। इस क्षणिक भभक को ही वह भोग का आनन्द समझता है।

सत्य ही ईश्वर है, ईश्वर-विश्वासी सत्यनिष्ठ होता है—ईश्वर-विश्वासी को सत्य पर अटल रहने के उपदेशों की आवश्यकता नहीं। ईश्वर-प्रेमी स्वतः सत्यनिष्ठ हो जाता है। ईश्वर के नियम त्रिकाल में सत्य हैं। उन सत्य नियमों पर ही पृथ्वी और आकाश स्थित हैं। सत्य ईश्वर का प्रथम गुण है। तभी उसे सच्चिदानन्द कहते हैं। सत्य ही ईश्वर है। ईश्वर की निष्ठा ही सत्य निष्ठा है।

मनुष्य स्वभाव से सत्यनिष्ठ होता है। भय, कामना और अहंकार के वश वह धूर्त और छली व कपटी बन जाता है। श्रद्धानिष्ठ व्यक्ति भय, काम, क्रोध आदि पर विजय पा लेता है। उसके मन-वचन-कर्म सब निर्मल हो जाते हैं। निर्भय व्यक्ति को असत्य के झूठे पर्दे में अपने पापों को छिपाने की ज़रूरत नहीं रहती। मन के मानसरोवर में ईश्वर की छाया तभी प्रतिबिम्बित होती है जब उसका जल दर्पण की तरह निर्मल और ठहरे हुए पानी की तरह स्थिर हो।

कर्म में अकर्म और अकर्म में कर्म का रहस्य—श्रद्धावान को प्रशान्त रहने के लिए उपदेश की आवश्यकता नहीं। ईश्वर का प्रेम उसके मन

को इतना तृप्त कर देता है कि आत्मा की तृप्ति के लिए उसे बाह्य उपकरणों का आश्रय नहीं लेना पड़ता। जिस तरह नदी का जल स्वयं सागर की ओर आता है, उसी तरह संसार के भोग स्वयं ईश्वर-प्रेम से परितृप्त व्यक्ति में प्रवेश करते हैं। सब कर्मों को ईश्वर-अर्पित करने के बाद फला-फल की चिन्ता से शून्य मनुष्य का मन कभी अशान्त होता ही नहीं। वह स्वयं संयत और जितात्मा बन जाता है। वह कर्म में अकर्म और अकर्म में कर्म देखता है। अर्थात् अपने कर्मों में भी वह स्वयं अकर्मण्य ही रहता है। स्वयं कुछ नहीं करता।[1] उसका भगवान ही उससे सब कर्म करवाता है। कार्यों के श्रेयाश्रय भगवान के ही ज़िम्मे हो जाते हैं। इसी तरह उसके निष्कर्म में भी भगवान का ही कर्म निहित होता है। वह स्वयं निष्कर्म मालूम होता है, किन्तु उस निष्कर्मण्यता में भी भगवान का ही कर्म होता है, सर्वथा निष्कर्म तो पुरुष होता ही नहीं। प्रसुप्ति में भी उसके हृदय का स्पन्दन चालू रहता है और नाड़ी की गति एक क्षण के लिए भी नहीं रुकती। ईश्वर-प्रेमी के अन्य कार्य भी हृदय के प्रकम्पन की तरह सदा ईश्वर-प्रेरणा से स्वयं होते रहते हैं। अहंवादी के कर्म-अकर्म दोनों ही भीषण अशान्ति के सूचक होते हैं। अपने कर्म करते हुए वह इतना अहंकारी हो जाता है कि आसमान सिर पर उठा लेता है। और अकर्म में वह इतना बेजान-सा हो जाता है कि मुर्दे की याद दिलाता है। ईश्वर-प्रेमी व्यक्ति कर्म-अकर्म दोनों में सदा एकरस रहता है।

उसके कामों में गम्भीरता, स्थिरता और उसकी आत्मा में अविचल शान्ति आ जाती है। उसकी पलकें प्रभु-प्रेम से भारी हो जाती हैं; उसका मन प्रेम के फूलों से भरकर विनम्र हो जाता है। आकांक्षाओं की आंधियां उस परम शान्ति को भंग करने के लिए नहीं उठतीं, क्योंकि उसकी कामनाएं प्रभु के अर्पण हो चुकी होती हैं।

---

1. कर्मण्यकर्मणः पश्येद कर्मणि च कर्मणः।

17

आत्म-परीक्षा

हमारी आत्मा ही हमारे चरित्र का दर्पण है–दूसरों के गुण-दोष-विवेचन में मनुष्य जितना समय खर्च करता है, उसका एक प्रतिशत भी यदि आत्म-निरीक्षण में लगाए तो आदर्श मनुष्य बन जाए। दूसरे के दोष आँख से दिख जाते हैं; अपने दोषों का चिन्तन मन को एकान्त में स्वयं करना पड़ता है। शरीर का दर्पण तो वैज्ञानिकों ने बना लिया है, चरित्र का दर्पण अभी तक कोई नहीं बना और न बनेगा। जो छिद्रान्वेषण करता है वह प्रायः छिपकर करता है। पीठ-पीछे सब एक-दूसरे को भला-बुरा कह लेते हैं, निन्दा कर लेते हैं। हमारी बातचीत का विषय ही प्रायः परनिन्दा हुआ करता है। मित्रों की गोष्ठी हो या सार्वजनिक मेल-जोल हो, गैरहाज़िर लोगों पर फब्तियां उड़ाने में ही सब लोग दिलचस्पी लेते हैं। आमने-सामने सब शहद-सा मीठा बन जाते हैं। दिल से जो जितना कड़वा होगा, बातों में उतनी ही मिसरी घोलकर मिलाएगा। पीठ-पीछे छुरी फेरनेवाला सामने आकर भक्त-प्रवर बन जाएगा, हितचिन्तक बन जाएगा और इतने प्रशंसात्मक शब्दों में आपकी स्तुति करेगा कि 'अमरकोष' का कोई भी स्तुतिवाची पर्याय शब्द नहीं छोड़ेगा। प्रशंसा आपको सदा आत्मनिरीक्षण से रोकेगी। मनुष्य-चरित्र की यह सबसे बड़ी कमज़ोरी है कि वह अपनी प्रशंसा का सदा भूखा रहता है। अंतिम सांस तक भी मनुष्य की यह भूख नहीं जाती। इसीलिए हमारा सब कुछ झूठ से भरा होता है। छल-कपट से हमें प्रेम हो जाता है। सच्चाई कड़वी होती है। न उसे कोई कहता है, न सुनता है। पीठ-पीछे ही वह कही-सुनी जाती है। इसलिए सत्यशोधकों को पीठ-पीछे की सच्ची बातें सुनने के लिए वेश बदलना पड़ता है।

पिछले ज़माने के राजा वेश बदलकर ही सच्चे लोकमत की जाँच किया करते थे। आजकल गुप्तचरों द्वारा यह काम होता है, व्यक्तिगत जीवन में यदि कोई गुप्त रूप से अपनी चर्चा सुनने का प्रयत्न करे तो

अपने दोषों को जान सकता है। किन्तु वह चर्चा भी प्रायः अतिरंजित और पक्षपातपूर्ण होती है। सच्चाई तो वही है जो मनुष्य के अन्तःकरण में छिपी है। अपना गुप्तचर आप बनकर ही हम उसका अनुसंधान कर सकते हैं। यह आत्म-परीक्षा ही हमें, हमारे चरित्र के असली स्वरूप को, हमारे सामने प्रकट करेगी और तभी हम चरित्र में सुधार कर सकेंगे—चरित्र-निर्माण कर सकेंगे।

यदि हम चरित्र को उज्ज्वल बनाना चाहते हैं तो सोने से पूर्व या सोकर उठने के बाद एकान्त में हमें प्रतिदिन आत्म-निरीक्षण करना चाहिए। चरित्र-सम्बन्धी किसी भी गुण का मन में ध्यान करके उस कसौटी पर अपने व्यवहारों को परखने की कोशिश की जाए। हमारे व्यवहार ही हमारे चरित्र का प्रतिनिधित्व करते हैं। विचारों में तो सभी आदर्शवादी होते हैं। योग्य-अयोग्य का ज्ञान या पुण्य-पाप की अनुभूति तो मूर्ख और पापी को भी होती है। किन्तु व्यावहारिक जीवन में हम उन आदर्शों को जीते हैं। धर्म को जानते हुए भी उनमें प्रवृत्त नहीं होते और अधर्म को जानते हुए भी उससे निवृत्ति नहीं होते। दुर्योधन ने यही बात भगवान कृष्ण को तब कही थी जब वे शान्तिदूत बनकर गए थे। हम यही बात रोज़ अपने से कहते हैं। हमारा ज्ञान हमारी प्रवृत्तियों का पथ-प्रदर्शन नहीं करता। हमारी प्रवृत्तियां हमारे ज्ञान की अनुचर नहीं हैं। हमें अपने को अपने ज्ञान से नहीं, अपने व्यवहार से परखना है। हमारा चरित्र वही है, हम वही हैं जो हम करते हैं, न कि वह जो दूसरों से सुनते या प्रस्तावों में पढ़ते और काम के समय भुला देते हैं। व्यवहार की छोटी-छोटी बातों से भी हम अपने को परख सकते हैं।

विनय की आत्म-परीक्षा—यदि आपको यह परखना है कि आप विनीत, सज्जन और सुशील हैं या नहीं, तो आप अपने से निम्नलिखित पाँच प्रश्न पूछिए :

प्रश्न 1—आप घर या बाहर किसी की भी सेवा प्राप्त करके कृतज्ञता-प्रकाश के लिए धन्यवाद कहते हैं या नहीं?

कोई भी रिश्ता मनुष्य को मनुष्य का गुलाम नहीं बनाता। पति होने से ही पुरुष को स्त्री के हाथों पकवान खाने, बाहर से आकर पंखा

करवाने या भोगेच्छा की तृप्ति का अधिकार नहीं मिल जाता। स्त्री को भी पत्नी होने के नाते से गहने बनवाने, विलास की वस्तुएं खरीदने का अधिकार नहीं मिल जाता। यह अधिकार-भावना ही मनुष्य को कृतज्ञता-प्रकाश से रोकती है। इस अधिकार का दुरुपयोग बहुत होता है। स्वार्थी पिता उम्र-भर अपने बच्चों से हुक्का भरवाते और जूते में पॉलिश करवाते हैं और स्वार्थी पुत्र वृद्ध पिता से घर की पहरेदारी और चाकरी करवाते हैं। प्रत्येक सेवा के लिए कृतज्ञता-प्रकाश करनेवाला व्यक्ति ही इस स्वार्थ-भावना से बच सकता है। आप विनीत हैं इसका प्रमाण यही है कि आप सबके प्रति कृतज्ञता प्रकाशित करते हैं, किसी से अधिकारवश काम नहीं कराते।

प्रश्न 2–आप अपनी भावनाओं को प्रकट करने के समय अन्य कुटुम्बियों की भावनाओं को तो नहीं कुचलते? उनकी भावनाओं का भी ध्यान रखते हैं या नहीं?

अपने को विनय की देवी माननेवाली माँ भी प्रेम के उद्वेग में बच्चे को अपनी छाती से इतनी ज़ोर से चिपटाती है कि उसका दम घुटने लगता है। प्यार का अत्याचार अन्य सब अत्याचारों से बड़ा है। पति का प्रेम जब अतिशय स्त्री-संभोग से प्रकट होता है तब स्त्री क़ी भावनाएं बड़ी निर्दयता से कुचली जाती हैं। माँ-बाप भी प्रेम के नाम पर बच्चों की भावनाओं को प्रायः पैरों तले रौंदते रहते हैं। वह प्रेम नहीं, आत्मतुष्टि है, मन की भूख मिटाना है। यह दूसरे की भावनाओं के आगे सिर झुकाना सिखाता है।

जिस प्रेम में विनय नहीं, दूसरे की भावना का सम्मान नहीं, वह हमारी विनाशकारी प्रवृत्तियों को उत्तेजित करता है। तभी हम प्रायः अपनी सबसे अधिक प्रिय वस्तु को ही अपने हाथ से नष्ट कर देते हैं। आप विनयशील होंगे तो पत्नी की भावनाओं का उतना ही सम्मान करेंगे जितना आप अपने अफसर की पत्नी का या अपने मित्र की पत्नी का करेंगे।

मनुष्य के विनय की परीक्षा अपने घर में ही होती है। हम होटल में सड़े-बुसे खाने को बड़ी शान्ति से खाते हैं और परोसनेवाले को 'टिप' भी दे आते हैं, किन्तु घर में रोटी ज़रा-सी ठंडी हो जाये तो पतिदेव थाली उठाकर बाहर फेंक देते हैं। मेरे एक मित्र हैं, बीमा-एजेंट। सुन्दर गोल

चेहरा, गोरा रंग, सुडौल शरीर। हँसते हैं तो फूल झड़ते हैं। रास्ते में मिल जाएं तो ज़मीन तक झुककर प्रणाम करते हैं। आप विनय, सज्जनता और शिष्टता के मूर्तिमान अवतार हैं। किन्तु घर में वही हँसता चेहरा रौद्र रूप में बदल जाता है। बच्चों को बेंतों से इतना पीटते हैं कि चमड़ी उधड़ जाती है। छत की कड़ियों के साथ रस्सी बांधकर औरतों को उल्टा लटका देना और तीन-तीन दिन तक भूखे रखकर तड़पाना उनके पारिवारिक जीवन का नित्यकर्म-सा बन गया है। वस्तुतः उनकी विनयशीलता केवल व्यापारिक चेष्टा होती है। हमारा होटल में विनम्र भाव से सड़ी-बुसी चीज़ खाते जाना भी विनय नहीं, व्यापारिक शिष्टता है। यह विनय ग्राहक के सामने दुकानदार का, मालिक के सामने नौकर का स्वार्थपूर्ण झूठा नाटक है। यह विनय मनुष्य के चरित्र का अंग नहीं बन सकती।

विनय के उत्तर में विनय देने में भी चरित्र की परीक्षा नहीं होती। सच्ची परीक्षा वहीं होती है जहां दुर्विनय का उत्तर विनय से दिया जाए। लाखों में एक माता-पिता ऐसी परीक्षा में पूरे उतरेंगे। बच्चे के दुर्विनीत होते ही उसे घर से निकाल देना या दण्ड के भय से उसकी प्रवृत्तियों को दबा देना ही हमारे माता-पिता को आता है। वे भूल जाते हैं कि उनका दुर्विनय ही उनके बच्चे में प्रतिबिम्बित होता है। बच्चे को अकारण डाँटनें-फटकारने अथवा लापरवाही के साथ अनापशनाप कहने से ही बच्चा भी लापरवाह और ढीठ बन जाता है। आप बच्चे के साथ विनय का व्यवहार करेंगे तो वह भी विनयशील रहेगा। उसे सुधारिए। वह तो आपकी छाया है।

प्रश्न 3–आत्मनिरीक्षण करते हुए तीसरा प्रश्न आप अपने से यह पूछिए कि आपकी वेशभूषा, बातचीत या आपके नित्य के व्यवहार में दुर्विनय की झलक तो नहीं है?

दूसरों की आंखों में चुभनेवाली, सबसे अलहदा ढंग की चमक-दमक वाली पोशाक पहनना उतना ही दुर्विनय है जितना दूसरे को विषबुझी बात कहकर जलाना। वेशभूषा मनुष्य के चरित्र का चित्रण करती है। गहरे रंग के आकर्षक कपड़े मनुष्य के उथलेपन को प्रकट करते हैं। स्त्रियों की शालीनता ही उनके वस्त्रों से प्रकट नहीं होती, पुरुषों का चरित्र भी

पुरुष के वस्त्रों से प्रकट होता है। बातचीत में हम बहुत दुर्विनयी हो जाते हैं। चुभते हुए व्यंग्य, ज़हरीले कटाक्ष और अपने पक्ष के समर्थन में मिथ्या दुराग्रह हमें कुछ देर के लिए दूसरों की नज़र में महत्त्वपूर्ण व्यक्ति बना देते हैं। मित्र-मण्डली का मनोरंजन भी हो जाता है। किन्तु यह अभिनय हमारे व्यक्तित्व का नाश कर देता है। हमें दिन में एक बार अवश्य यह चिंतन कर लेना चाहिए कि हमारी वेशभूषा और बातचीत हमारे विनय का प्रतिनिधित्व करते हैं या नहीं? यदि नहीं तो आप सर्वांश में विनीत नहीं हैं। आपको पूरा विनीत बनने के लिए बहुत अभ्यास की आवश्यकता है।

प्रश्न 4–अपने पड़ोसियों के मुकाबले में अमीर दिखने के लिए आप विशेष चेष्टा तो नहीं करते? यह प्रश्न भी आपको विनय की परीक्षा करते हुए करना चाहिए।

हमारे पड़ोस में रहनेवाले एक ठेकेदार ने युद्ध-काल में लाखों रुपये बनाए हैं। अपनी अमीरी का प्रदर्शन करने के लिए उन्होंने मकान के अपने हिस्सेवाली दीवारों पर विशेष नीला रोगन करवा दिया है। बाकी इमारत पर पहले का मटमैला रंग ही है, जो कई बरसातों से धुल-धुलाकर बिलकुल मिट्टी का रंग हो चुका है। उसके नीले रंग ने मकान को चितकबरा बना दिया है। वह बहुत ही भद्दा-बेतुका मालूम होता है, किन्तु ठेकेदार जी की अमीरी का प्रदर्शन अवश्य करता है। हम विनीत बनना चाहते हैं तो इन प्रलोभनों में बहने से हमें सावधान रहना होगा।

प्रश्न 5–दूसरों को पीछे धकेलकर आगे बढ़ना, दूसरे की बात काटकर बोलना, भेंट का निश्चित समय निर्धारित करके अन्य आवश्यक काम में व्यस्त होने का बहाना बनाते हुए निश्चित समय पर अनुपस्थित रहना अथवा जान-बूझकर दूसरों को घण्टों इन्तज़ार करवाना, ये सब चेष्टाएं अविनय की निशानियाँ हैं। आत्म-निरीक्षण द्वारा हमें यह परीक्षा करते रहना चाहिए कि कहीं अनजाने में भी हम ऐसी चेष्टाएं तो नहीं कर रहे?

आपको अपने से इन प्रश्नों का उत्तर भी माँगना चाहिए कि आप गाड़ी में किसी स्त्री को या वृद्ध व्यक्ति को जगह न देकर स्वयं बैठे तो

नहीं रहे, किसी आगन्तुक के घर आने पर आपने उपेक्षावश उसका तिरस्कार तो नहीं किया? उसके गरीबी के कपड़े को देखकर भवें तो नहीं चढ़ाईं, रास्ते पर तेज़ी से जाते हुए आपके कन्धों से टकराकर कोई राहगीर गिर तो नहीं पड़ा? मोटर चलाना दुर्विनय नहीं है, किन्तु पैदल चलनेवालों को रास्ता पार करने का मौका ही न देना दुर्विनय है। मेरे एक मित्र ने नई-नई मोटर ली है। वे मोटर चलाते हुए उचक-उचककर देखा करते हैं कि सड़क पर खड़े लोग उनका दबदबा मान रहे हैं या नहीं। सड़क के किनारे कहीं क्यू की लम्बी कतार लगी हो तो वे मोटर का 'भोंपू' बजा-बजाकर सबका ध्यान अपनी ओर खींच लेते हैं। यह दुर्विनय है। कुछ रूपवती स्त्रियां भी इस दुर्विनय की अपराधिनी होती हैं। श्रृंगार के लिए गालों व होठों पर हल्की लाली लगाना बुरा नहीं है, परन्तु गहरे लाल रंगकर कमज़ोर चरित्रवाले नौजवानों पर वासना की चिंगारियां फेंकते चलना पाप है, दुर्विनय है।

सत्यनिष्ठा की परीक्षा भी चरित्र-निर्माण में महत्त्वपूर्ण है–सच्चाई पर स्थिर रहना चरित्र-बल की निशानी है, यह बात सभी जानते हैं, किन्तु अपने दैनिक काम-काज में भी हम सच्चाई पर दृढ़ नहीं रहते। कहने को हम अपने को पक्का सत्यनिष्ठ कहते हैं। किन्तु जाने-अनजाने दिन में कई बार हम अपने ईमान को बेचने में ज़रा भी नहीं हिचकिचाते। ईमानदारी से किया आत्म-निरीक्षण ही हमें इस अधःपतन से सावधान कर सकता है।

प्रत्येक सत्यनिष्ठ को अपने से यह प्रश्न करना चाहिए कि उसने अपने ईमान को किसी भी मूल्य में बेचने का इरादा तो नहीं किया? मूल्य की बात इस प्रश्न में बड़ी महत्त्वपूर्ण है। थोड़ी कीमत पर ईमानदारी बेचने में ज़रूर लोग संकोच करते हैं–लेकिन ऊँची कीमत का सौदा पटते ही उसे बाज़ी पर लगा देते हैं–मानो ईमान नाम की चीज़ उनके दिल में थी ही नहीं!

एक दिन मेरे एक प्रश्न का उत्तर देते हुए मेरे चपरासी ने यह कहा कि, "साहब, मैं इतना कमीन नहीं हूँ कि 15 रुपये पर बेईमान हो जाऊँ।" अपने भोलेपन में उसने अपने ईमान का खोखलापन ज़ाहिर

कर दिया। मैंने उससे कहा, "15 रुपये पर बेईमान नहीं होओगे, मैंने मान लिया; परन्तु 1500 रुपये पर तो ईमान बेच ही दोगे न!" वह बड़ा शर्मिन्दा हुआ। कहना उसे यह चाहिए था कि वह किसी भी कीमत पर सच्चाई को नहीं छोड़ेगा। किन्तु दिल की बात को छिपाने में वह पका हुआ धूर्त नहीं था, इसलिए सच्ची बात कह गया।

सच बात तो यह है कि जो आज 1500 रुपये पर ईमान बेचता है, कल वह 15 दमड़ी पर भी बेचेगा। डाके-चोरी से पैसा कमाने की आदत पड़ने पर चोर एक चवन्नी के लिए भी खून कर देता है। और जो चोर नहीं होगा वह कुबेर के खज़ाने को पाने के लिए भी चोरी नहीं करेगा।

ईमान केवल पैसे के मूल्य पर नहीं बेचा जाता, अन्य मूल्यों पर भी बेचा जाता है। आत्म-निरीक्षण के समय हमें उन सबका ध्यान रखना चाहिए। मेरे एक मित्र ने अपने नौकर पर चोरी का दोष लगाने के लिए उसकी जेब में 5 पौंड टाइप भर दिया और मुझे इस चोरी का गवाह बनने को कहा। अपने मित्र की मित्रता को सुरक्षित रखने के लिए यदि मैं अपना ईमान बेच देता तो एक निर्दोष व्यक्ति को तीन महीने का कारावास हो जाता। इसी तरह के अवसर हमारे सामने नित्यप्रति आते हैं। अपनी नौकरी को सुरक्षित रखने के लिए जो नौकर मालिक की झूठी हाँ में हाँ मिलाता है, वह भी चांदी के कुछ ठीकरों के लिए ईमान बेचता है। सम्पादक की कुर्सी पर बैठकर जो सम्पादक अपनी आत्मा के विरुद्ध लिखकर मालिक की जी-हजूरी करता है, वह भी बेईमान है। जो व्यापारी नियत मूल्य से अधिक माँगता है, वह उस जेबकतरे के ही बराबर बेईमान है जो कैंची से राह चलनेवाले आदमी की जेब काटता है। संगठित बेईमानी को व्यापारिक प्रतिभा, व्यवस्थित धूर्तता को राजनीतिकता और सामूहिक हत्याओं को राष्ट्रीय युद्ध कहने की प्रथा केवल अन्यों को धोखे में डालने के लिए है। बेईमानी व्यक्तिगत हो या संगठित, बेईमानी ही रहेगी। आधुनिक समाज की नींव ईमान के खून से सींची जा रही है। प्रगति के प्रत्येक क्षेत्र में वही आगे बढ़ पाता है जो ईमानदारी का गला सफाई से घोंट सके। सब क्षेत्रों में उन्नति के लिए हाथ की सफाई और जादुई

चमत्कार चाहिए। दुनिया की आँखों में धूल झोंकनेवाला ही आज दुनिया का सरदार बन सकता है। हमारा ईमान बड़ा सस्ता हो गया है। नीलाम में उसका कोई ग्राहक भी नहीं मिलता। उसकी चार पैसा कीमत देनेवाले भी कम हैं। चार पैसे की भी बचत के लिए हम अपनी सत्यनिष्ठा को ताक पर रख देते हैं। दुकानदार चार आने की चीज़ को पाँच में बेचकर व्यापारी बन जाता है और हम चार पैसा 'बिक्री-कर' से बचने के लिए रसीद लेना छोड़ देते हैं। चोरी का माल जानते हुए भी लेते हैं और इस तरह चोर को प्रोत्साहन देते हैं।

एकान्त में आत्म-निरीक्षण करने पर हम यह पायेंगे कि हमारे जीवन के 70 प्रतिशत व्यवहार असत्य पर आश्रित हैं, फिर भी हम अपने चरित्र पर गर्व करते हैं। अपनी नज़रों में हम बेईमान साबित होकर भी दूसरों के सामने सच्चे बनने के लिए सैकड़ों तरह के पाखंड करते हैं। हमारा सम्पूर्ण जीवन एक बृहत् पाखंड, अजीब गोरखधंधा बन जाता है।

क्या आप विश्वासभाजन हैं–'आप विश्वासपात्र हैं या नहीं' यह प्रश्न भी आत्म-निरीक्षण के सिलसिले में बहुत महत्त्व का है। विश्वासपात्र वह है जिस पर भरोसा किया जा सके।

मनुष्य को यह जानकर बेहद खुशी होती है और सच्चा सन्तोष मिलता है कि उस पर दूसरे लोग भरोसा करते हैं। सभी मनुष्य सामाजिक जीव हैं, एक ही प्रथमजा मनुष्य-जाति के वंशज हैं। उन सबमें ही वह समानशीलता है कि सभी किसी के विश्वासभाजन बनने में बड़ा सन्तोषपूर्ण अभिमान अनुभव करते हैं।

जो व्यक्ति विश्वासभाजन नहीं बनता, वह दीन-हीन बनकर ही ज़िन्दगी काटता है। सच तो यह है कि ज़िम्मेदारी और सफलता दोनों से वह बचना चाहता है। विश्वास-योग्य व्यक्ति ज़िम्मेदारी निभाता हुआ चलता है। विश्वासपात्रता स्वयं ज़िम्मेदारी सिखा देती है। दूसरे लोग हम पर भरोसा कर सकें, ऐसी अद्वितीय श्रद्धा हमारे मन में भी पैदा होनी चाहिए।

विश्वासपात्र होने की पहली शर्त शिक्षा है। शिक्षा जहाँ विनय सिखाती है, वह वहाँ कष्टों को सहने की बुद्धि भी देता है। ज्ञान से आत्मविश्वास

बढ़ता है और इसका उपयोग निरन्तर अभ्यास से ही हो सकता है।

दुनिया में ऐसे प्रकाण्ड बुद्धिमान् बहुत हैं जिन पर विश्वास नहीं किया जा सकता। किन्तु दुनिया में एक भी ऐसा चरित्रवान् नहीं मिलेगा जिसका विश्वास न किया जा सके।

विश्वासपात्र की परख आत्मनिरीक्षण से ही हो सकती है। अपने सम्बन्ध में दूसरों की राय सुनने से भी मनुष्य अपने आत्मविश्वास की परीक्षा कर सकता है। अपने प्रति दूसरों का रुख देखने से ही हम अपना चरित्र माप सकते हैं। यदि दूसरे लोग हमसे कभी कतराकर निकल जाते हैं, यदि वे हमें कोई भी आवश्यक कार्य सुपुर्द नहीं करते, यदि हमारी प्रतिज्ञाओं पर लोग कान नहीं देते तो समझ लीजिए कि लोग हम पर भरोसा नहीं करते। आत्मनिरीक्षण द्वारा पता लगाइए कि कहीं ऐसा तो नहीं होता।

आपको अपनी प्रतिज्ञा करने की मनोवृत्ति में सुधार करना होगा। अच्छा यह है कि आप अपनी महत्त्वाकांक्षा उतने ही दायरे में कैद रखें जितने का नियंत्रण भली भांति हो सके। आज यदि आप किसी कार्य में असमर्थ हैं तो अपनी अक्षमता प्रकट कर दीजिए। छोटे काम को खुशी से करना आपको बड़े काम को बेढंगी रीति से सम्पन्न करने की अपेक्षा अधिक विश्वासभाजन बनाता है।

आत्मविश्वास की परीक्षा के 16 प्रश्न–आत्मविश्वास की मर्यादित मात्रा जीवन के बहुमूल्य रत्नों में से एक है। इसके बिना हम किसी कार्य में सफलता नहीं पा सकते। इसलिए हमें अपने जीवन में आत्मविश्वास की मात्रा की परीक्षा आत्म-निरीक्षण द्वारा प्रतिदिन करते रहना चाहिए। यह काम कठिन नहीं है। दूसरों के सामने हम अपने हृदय की कायरता को छिपाने के लिए कुछ देर आत्मविश्वासी होने के ढोंग कर सकते हैं, किन्तु अपने को धोखा तो नहीं दे सकते।

आत्मविश्वास की परीक्षा के लिए आप अपने से निम्न प्रश्न पूछिए :

1. बड़े आदमियों से भेंट करते हुए आपको संकोच तो नहीं होता?
2. सामाजिक मेलजोल में आपकी दिलचस्पी तो कम नहीं है?
3. ज़िम्मेदारी के कामों का आप पूरा स्वागत तो करते हैं?

4. सामान्य व्यवहार में आपको बेचैनी-सी तो नहीं होती है? सहज सरलता से आप सबसे मिल-जुल लेते हैं?
5. अपनी बातचीत में हास्य-विनोद मिलाने का कौशल आपमें है?
6. भय व शोक में आप डूब तो नहीं जाते?
7. अपने निश्चयों की सत्यता पर आप स्वयं सन्देहशील तो नहीं रहते?
8. आपकी बुद्धि व्यवसायात्मक है या नहीं?
9. बातचीत में आप धाराप्रवाह बोल सकते हैं या नहीं?
10. व्याख्यान देते हुए किसी टोकनेवाले को मुँहतोड़ उत्तर आप दे सकते हैं?
11. किसी अपरिचित स्त्री से मिलने पर आपका मुंह शर्म से तमतमा तो नहीं जाता?
12. आपके मन में हीनता के भाव तो यदा-कदा नहीं उठते?
13. दूसरों के अच्छे कामों को मुक्त रूप से सराहने का साहस आपमें है?
14. कोई नया काम शुरू करने का साहस आप कर सकते हैं?
15. किसी अपने से कमज़ोर पर हमला करने की प्रवृत्ति तो आपमें नहीं?
16. कभी एकान्त में, सर्वथा मुक्त रहना पड़े तो आप रह सकते हैं?

इन 16 प्रश्नों का उत्तर यदि आत्मविश्वास के पक्ष में होगा तो आप निश्चय ही आत्मविश्वासी हैं। इसी तरह के अन्य प्रश्न भी आप अपने से पूछ सकते हैं। यह परीक्षा आपको चरित्र-निर्माण-कार्य में बहुत सहायक सिद्ध होगी।

18

हमारे व्यवहार हमारे चरित्र का प्रदर्शन करते हैं

चरित्र की अभिव्यक्तियों का सुधार–मनुष्य का चरित्र उसके दैनिक व्यवहार में व्यक्त होता है। उसके रहन-सहन के प्रकार, उसकी बातचीत के ढंग, हंसने-रोने की रीति, उसके पारिवारिक जीवन आदि से

मनुष्य के चरित्र को अभिव्यक्ति मिलती है। इन अभिव्यक्तियों को चरित्र नहीं कह सकते और न ही इनके अलग-अलग सुधार से मनुष्य का सम्पूर्ण चरित्र बनता है। ये तो केवल आन्तरिक चरित्र के बाह्य लक्षण-मात्र हैं। जैसे शरीर का आन्तरिक रोग बाह्य लक्षणों में प्रकट होता है, उसी तरह मनुष्य का विकृत चरित्र, विकृत हँसी, विकृत पारिवारिक जीवन और विकृत वार्तालाप में प्रकट होता है। फिर भी, जिस तरह रोग के बाह्य चिह्नों का उपचार करना भी रोग के असली इलाज में सहायक होता है, उसी तरह चरित्र के विकृत लक्षणों का इलाज भी मानसिक रोग के उपशमन में सहायक हो सकता है। हमें इसकी उपेक्षा नहीं करनी चाहिए।

अंतड़ियों की खराबी से पैदा ज्वर का इलाज भी उतना ही आवश्यक है जितना अंतड़ियों का इलाज करना। ज्वर स्वयं में कोई रोग नहीं है, वह आन्तरिक विकार का बाह्य चिह्न ही है। फिर भी कोई वैद्य ऐसा नहीं है जो ज्वर की उपेक्षा करे। ज्वर का उपचार भी उतना ही महत्त्वपूर्ण है जितना उसके मूल कारण का इलाज।

हास्य–मानसिक प्रसन्नता की अभिव्यक्ति–हास्य स्वयं में चरित्र का अंग नहीं है। वह केवल हमारी मानसिक प्रसन्नता की अभिव्यक्ति है। वास्तविक चरित्र है मानसिक प्रसन्नता। किन्तु हास्य की शैली में, हास्य के उचित समय व स्थान में, विचारपूर्वक सुधार के यत्न हो सकते हैं। यह यत्न भी चरित्र-निर्माण का ही उपक्रम होगा।

हँसी हमारे हार्दिक आनन्द की द्योतक मानी जाती है। परन्तु क्या यह बात शत-प्रतिशत सच है? क्या हम केवल मानसिक आनन्द की अभिव्यक्ति के लिए हँसते हैं?

दूर जाने की आवश्यकता नहीं, अपने ही मन में टटोलकर देखिए। जितनी बार आप दिन में हँसते हैं, क्या उतनी ही बार आपका हृदय सच्चे हर्ष का अनुभव करता है? आपके मन में धीमी-सी आवाज़ में उसका उत्तर मिलेगा, 'नहीं तो!'

सड़क के बीचोंबीच किसी को गिरता देख हमारी हँसी अनायास ही फूट पड़ती है। हम उसे छिपाने की कोशिश करते हैं, इसलिए कि

कहीं लोग हमें असभ्य न समझें। फिर भी यह हँसी फूट ही पड़ती है। यह हँसी हमारे हार्दिक हर्ष की अभिव्यक्ति नहीं, बल्कि मन में छिपे उस अहंभाव की अभिव्यक्ति है जो गिरने वाले को धिक्कार कर कह रहा होता है कि 'यदि तुम भी मेरी तरह चलना जानते तो न गिरते; मैं तुमसे अच्छा चलना जानता हूँ।' यह अहंभाव ही हमें हँसाता है। ऐसी हँसी हमारे चरित्र की निर्बलता है।

हमारी स्वार्थ-भावना ही हमें हँसाती है–हमारी स्वार्थ-भावना ही हमें हँसाती है। एक व्यक्ति भरी सभा में भाषण देते हुए घबराकर जब कुछ भूल जाता है तो हम खिलखिलाकर हँस पड़ते हैं। हमारा मन उस समय यह कह रहा होता है कि 'अच्छा हुआ, इस परिस्थिति में कोई दूसरा था, हम नहीं थे।'

अपने को ऊँचा समझने की प्रवृत्ति भी हमें सभ्य समाज में बैठकर दूसरों की हँसी उड़ाने को प्रेरित करती है।

अपनी कमज़ोरी और अल्पज्ञता को छिपाने के लिए भी हम हँसी की आड़ लेते हैं। जब कोई ऐसा महत्त्वपूर्ण प्रश्न हमारे सम्मुख आता है जिसको हमारी बुद्धि समझ नहीं पाती तो हम यह कहकर कि 'अरे, यह तो फ़िज़ूल-सी बात है, इसके चक्कर में हम नहीं पड़ते, 'उस बात को हँसी में उड़ा देने का यत्न करते हैं। यह हँसी भी हार्दिक प्रसन्नता को व्यक्त न करके हमारी अल्पज्ञता और उसे छिपाने के मिथ्या आचरण को व्यक्त करती है।

मन के विपरीत भावों को ढकने के लिए भी हम हँसी का आवरण धारण करते हैं। जिसके साथ हमारा मन और विचार मेल नहीं खाते उनसे मिलते, बातचीत करते समय प्रायः हम हंसमुख ही नहीं, अत्यधिक हंसमुख बनने का यत्न करते हैं। हँसी की बात न होने पर भी हँसते हैं। हमारी यह हँसी अपनी आन्तरिक उदासीनता को छिपाने के लिए होती है। हम नहीं चाहते कि हमारी उपेक्षा उन पर प्रकट हो, इसलिए हम बनावटी हँसी हँसते हैं।

ऊँचे स्वर से अट्टहास–जिनका व्यक्तित्व अविकसित रह जाता है, बुद्धि अपरिपक्व रह जाती है या जिनकी मानसिक प्रवृत्तियाँ अस्वाभाविक दबाव में निरुद्ध रह जाती हैं, वे अन्य लोगों की अपेक्षा अधिक मात्रा में और ऊँचे स्वर से अट्टहास करते हैं। वे हर बात पर हँसते हैं–और बिजली

की तरह कड़ककर हँसते हैं। वे अपनी हीनभावना के पूरक के रूप में ही अपनी हँसी को अपनाते हैं। मैं एक ऐसे हँसोड़ व्यक्ति को जानता हूँ जो हँसी के बिना कोई बात ही नहीं करते। उनके गालों की माँसपेशियां इतनी अभ्यस्त हो गई हैं कि इतने ऊँचे स्वर से हँसते हुए भी उन्हें थकान नहीं होती। साधारणतया हँसी के आवेश में मनुष्य की आँखें भी गीली हो जाती हैं। लेकिन ऐसी झूठी हँसी हँसनेवाले बिलकुल सूखी हँसी हँसते हैं।

दूसरों पर अपना प्रभाव डालने के लिए भी हम बहुत बार हँसी का सहारा लेते हैं। अपने विरोधी की दलील पर उपेक्षापूर्ण हँसी हँसकर हम सुननेवालों को यह कह रहे होते हैं कि 'देखो इसे, कितनी मूर्खता की बात कह रहा है। यह उपेक्षासूचक हँसी विपक्षी को परास्त करने में बड़ी सहायक होती है। वे भी हँसनेवाले के साथ मिलकर उसके विपक्षी पर हँसने लगते हैं। हँसी छूत के रोग की तरह फैलती है। दुनिया हँसनेवालों का साथ देती है। आप हँसेंगे तो लोग भी आपके साथ हँसेंगे। आप दूसरों पर हँसेंगे तो लोग भी दूसरों पर हँसेंगे।

कभी-कभी हम बिना किसी बात के भी हँसते हैं; केवल दूसरों को हँसता देखकर खिलखिला उठते हैं। अश्लील या असभ्य मज़ाक की बातें भी हमें हँसा देती हैं। इस हँसी में अर्धचेतन मन में दबी हमारी वासनाओं को अभिव्यक्ति मिलती है। हँसी-मज़ाक की आड़ में हमारी असामाजिक प्रवृत्तियों को प्रकट होने का अवसर मिल जाता है। यह भी अच्छा ही है। अन्यथा हमारी निरोधित वासनाएं मन में ही दबी रहकर किसी भयंकर कुचेष्टा द्वारा प्रकट होंगी। हँसी के माध्यम द्वारा उनका प्रकट होना ऐसा अपराध है जो सभ्य समाज द्वारा क्षमा योग्य माना जाता है।

सरल, स्वाभाविक हँसी–जीवन में हँसी का मूल्य किसी भी अन्य अभिव्यक्ति से कम नहीं। इसकी उपयोगिता भी कम नहीं है। फिर भी हम इसे सुन्दर, सरल और स्वाभाविक बनाने का प्रयत्न नहीं करते। सच्ची हँसी वही है जो मानसिक प्रसन्नता को प्रकट करे, वह हँसी मन की सरलता, उदारता और सहानुभूति को प्रकट करनेवाली होनी चाहिए। बच्चे की-सी सरल, स्वाभाविक और भोली हँसी, मनुष्य का जीवन पर्यन्त साथ निभाती है।

हँसने से पहले हमें यह देख लेना चाहिए कि वह हँसी किसी को कष्ट पहुंचानेवाली न हो। जो व्यक्ति केवल अपनी ही मानसिक प्रसन्नता के लिए हँसता है वह आत्मपरायण है, स्वार्थी है, स्वार्थपूर्ण हँसी विष से बुझे बाण की तरह दूसरों को घायल करनेवाली होती है।

स्वस्थ हँसी मनुष्य के चरित्र की बहुत बड़ी देन है। काँटों में हँसनेवाले ही चरित्रवान् होते हैं। यही चरित्र की परीक्षा है। हँसने के लिए विशेष प्रयत्न करने की ज़रूरत नहीं होती। छः महीने का बच्चा भी हँसना जानता है। किन्तु कई बार रोते-रोते हम हँसना इस कदर भूल जाते हैं कि हँसी की बात पर भी नहीं हँसते। जब ऐसा हो तो हमें हँसने का अभ्यास करके भी हँसना चाहिए। जैसे मानसिक प्रसन्नता के कारण हँसी होती है, वैसे कई बार हँसी भी मानसिक प्रसन्नता का कारण बन सकती है। जब रोना आ रहा हो, आँखें बरबस रोने को उमड़ रही हों, कष्टों के भँवर से निकलने का कोई रास्ता न सूझता हो, कदम-कदम पर रास्ते के काँटे दामन पकड़ लेते हों—ऐसे विकट समय में यदि आप एक बार हँस दें, खिलखिलाकर हँस पड़ें तो आपकी आपत्तियों के घने बादल हँसी की हवा में बिखरने शुरू हो जाएंगे। हँसी के झोंके उन बादलों को उठाकर दूर ले जाएंगे। प्रसन्नता का सूर्य काले बादलों को चीरकर निकल आएगा।

महापुरुषों की हँसी में यही जादू होता है, उनकी हँसी लाखों व्यक्तियों के हृदयों में प्रतिध्वनित होकर आकाश में छा जाती है। गांधीजी की बाल-सुलभ हँसी ने हज़ारों नैराश्य-पीड़ित हृदयों को नया जीवन दिया था।

चरित्र और सौन्दर्य-प्रेम—बचपन में मन पर डाला गया प्रभाव और बचपन की मनोभावनाएं जीवन के अन्त तक बनी रहती हैं। अपने वातावरण को कलात्मक ढंग से सुन्दर बनाने से बच्चे के चरित्र का सुन्दर विकास होता है। कला-प्रेम व सौन्दर्य-प्रेम भी बच्चे के चरित्र को विकसित करने में बड़ा सहायक होता है।

मानव-चरित्र के विकास में विज्ञान और कला दोनों समान भाव से सहयोगी रहे हैं। सभ्यता का मार्ग हम विज्ञान के सहारे तय करते हैं। किन्तु संस्कृति का विकास हमारी कलात्मक रचनाओं द्वारा ही होता है।

सौन्दर्यप्रियता की भावना मनुष्य में स्वाभाविक है। यही भावना मनुष्य में अपना चरित्र कलात्मक बनाने की इच्छा उत्पन्न करती है। बचपन से ही हम अपने प्रत्येक कार्य में अपनी कलाप्रियता को अभिव्यक्त करते रहते हैं। सुन्दर पहनावा, प्रकृति से प्रेम, घर की सजावट, सुन्दर रहन-सहन, ये सब हमारे कलात्मक चरित्र के सजीव प्रमाण हैं।

चरित्र की कलात्मक भावनाओं को प्रकट रूप देने के लिए हमें निरन्तर परिश्रम करना चाहिए। मनुष्य में सौंदर्य-भावना को जागरित करना और उसकी कलात्मकता को अनुप्राणित करना, मनुष्य के चरित्र को ऊँचा उठाना है।

बच्चा जन्म से ही कलाकार और सौन्दर्यप्रेमी होता है। जब उसे कुछ लिखना नहीं आता तब भी वह जो कुछ हाथ में आ जाए उसकी सहायता से कुछ न कुछ बनाने का यत्न किया करता है। उसकी ये रचनात्मक कृतियां ही उसके चरित्र का निर्माण करती हैं।

जो बच्चा सौंदर्य से उदासीन है, रचना में आनन्द नहीं लेता, उसका मन विकृत समझना चाहिए। माँ-बाप का कर्तव्य है कि वे बच्चे में व्यवस्था और सौंदर्य की भावना को उत्साहित करते रहें।

जिसे सुन्दर वस्तुओं से प्रेम होगा वही अपने चरित्र को संयत और सुन्दर बनाने का यत्न करेगा। जिस बच्चे में स्वच्छ, निर्मल वस्त्र पहनने की रुचि होगी, वही स्वच्छ, निर्मल मन का महत्त्व समझ सकेगा। उसे बाह्य या आन्तरिक मलिनता से स्वाभाविक अरुचि होगी। वह सदा प्रयत्नशील रहेगा, रचना-प्रवीण रहेगा और चरित्रवान् रहेगा।

एकाकीपन में रस लेना चरित्र की पूर्णता है–मनुष्य के व्यक्तित्व का एक छोर विश्व के विशाल मायाजाल से छू रहा है और दूसरा छोर अपने एकाकीपन में ही सिमटकर पूर्णता अनुभव कर लेता है। दुनिया में रहता हुआ भी वह अकेला रहता है। सामाजिक प्राणी होते हुए भी मनुष्य वैयक्तिक प्राणी है। उसके स्वभाव में दोनों चरित्रों का समावेश है। इन दोनों विरोधी गुणों की व्यवस्था जहाँ सन्तुलित होगी, वहीं सुख होगा।

दुनिया के मेले में जो मनुष्य बिल्कुल खो जाते हैं उनका चरित्र

अधूरा रह जाता है। दूसरों की खुशी पर अपनी खुशी न्योछावर कर देना, दूसरों के लिए अपने सुख का बलिदान कर देना अवश्य मनुष्य के चरित्र को व्यक्तित्व की पूर्णता की ओर ले जाता है, किन्तु व्यक्तित्व का बलिदान वही कर सकेगा जिसके पास व्यक्तित्व की सम्पत्ति होगी। अपने सुख का त्याग वही कर सकेगा जिनके पास अपना सुख होगा। अतः समाज के लिए व्यक्तित्व का बलिदान करने से पहले मनुष्य को अपने व्यक्तित्व का निर्माण करना चाहिए।

दानी बनने से पहले सम्पत्तिशाली बनना पड़ेगा–जो लोग अपना व्यक्तित्व बनाए बिना समाज में जाते हैं वे केवल दूसरों के सुख में भाग लेने जाते हैं। लेने का अधिकार हमें तभी होता है अगर हमारे पास कुछ देने को भी हो। दानी बनने से पहले सम्पत्तिशाली बनना पड़ता है, त्यागी बनने से पहले त्याग की सामग्री जुटानी पड़ती है। तभी त्याग की महिमा होती है। सामाजिक बनने से पहले हमें एकाकी रूप में सुखी बनना चाहिए। दूसरों के सम्पर्क में रस लेने से पहले हमें एकाकीपन में रस लेना चाहिए।

अकेलेपन में रस लेने के लिए मनुष्य को प्रकृति-प्रेमी, अध्ययनशील और कलाप्रिय होना चाहिए। महान् व्यक्तियों को एकाकीपन बहुत प्रिय होते हुए भी वे जनता से खो नहीं जाते। जवाहरलालजी जनता के प्रिय थे। जहाँ वे जाते थे, लाखों लोग उनके दर्शनों को उमड़ पड़ते थे। उन्हें भी जनता से प्रेम था किन्तु अपनी जीवनी में वे स्वयं लिखते हैं–

'मैं जनता के निकट पहुँचा और जनता मेरे निकट आई, फिर भी मैं जनता के आगे अपने को समर्पित नहीं कर सका। जनता के बीच रहकर भी मैं उससे दूर अपनी पृथक सत्ता रखता हूँ।'

जब एकान्तप्रियता नई उमंग भरती है–एकाकीपन जवाहरलालजी को प्रिय था। भावावेश में रहना और एकान्तप्रियता जवाहरलालजी के चरित्र के अंग हो गए थे। ऐसे एकान्तप्रिय व्यक्तियों को प्रकृति से प्रेम हो जाता है। प्रकृति में उन्हें जो संतोष, उमंग और उत्साह मिलता है, वह जनता की वाहवाही से नहीं मिलता, अपनी पहली पर्वत-यात्रा का वर्णन करते हुए जवाहरलालजी ने लिखा है–

'पर्वत की उन निर्जन घाटियों में घूमने का यह मेरा पहला अनुभव था। हम जोजीला घाटियों की चोटी पर थे। नीचे एक ओर देवदार के ऊँचे वृक्षों की घनी हरियाली थी, दूसरी ओर सूखे पहाड़ों की नंगी चट्टानें। ऊपर बर्फ से ढकी हुई चोटियाँ चमक रही थीं। और उनमें से छोटे-छोटे ग्लेशियर हमसे मिलने के लिए नीचे उतर रहे थे। हवा ठण्डी और कंटीली थी। धीरे-धीरे सूनापन बढ़ता गया। पेड़ों और वनस्पतियों तक ने हमारा साथ छोड़ दिया। सिर्फ नंगी चट्टानें, बर्फ की शिलाएं और कभी-कभी खुशनुमा फूल दिख जाते थे। प्रकृति के इस सुनसान रूप में मुझे अजीब सन्तोष मिला। और एक ऐसा उत्साह और उमंग का तूफान दिल में आया जो पहले कभी नहीं आया था।'

जवाहरलालजी की तरह चीन के सेनानी—जो अब एकान्त जीवन में लौट गए हैं—चांगकाई शेक भी एकान्तप्रिय व्यक्ति है। उन्हें भी पहाड़ की घाटियों में अकेले घूमना बहुत अच्छा लगता है। लाखों व्यक्तियों के नेता होते हुए भी वे एकाकीपन में रस लेते हैं।

प्रकृति-प्रेम—एकान्तप्रिय व्यक्ति का वरदान—ऐसे एकान्तप्रिय व्यक्तियों के लिए आकाश में दौड़ते हुए बादल, धरती पर खेलती हुई धूपछांव, झरने के कलकल में फूटती हुई कविता, वृक्षों की झूमती हुई शाखाएं जितनी मनोरंजक होती हैं, उतने संसार के कोलाहल या उत्तेजक नृत्य-संगीत नहीं होते।

जीवन के एकाकीपन को सरस बनाने का श्रेय पुस्तकों को भी कम नहीं। पुस्तक हमें महान् आत्माओं से संगति का अवसर देती है। जिन्हें स्वाध्याय का अभ्यास है उनके जीवन का एकाकीपन सुन्दर बन जाता है। फीकापन या उदासीनता उनके मन को डराती नहीं। कला में रुचि रखना भी एकाकीपन को सरस बनाने में सहायक है। संगीत, चित्रकला, नृत्य या मूर्तिकला में मन लगाने से जीवन सरस बन जाता है।

सच तो यह है कि जीवन में मुख्यतया है ही एकाकीपन। जिन्होंने इसमें रस लेना नहीं सीखा, उन्होंने जीवन में कुछ नहीं सीखा। उनकी शिक्षा व्यर्थ गई। प्रत्येक व्यक्ति अपने जीवन का सच्चा साथी चुनता

है, किन्तु विरले ही हैं जिन्हें अपने स्वप्निल संसार का सर्वगुण सम्पन्न साथी मिल जाए। सर्वांश में अनुकूल साथी मिलना कठिन ही नहीं, असम्भव है। अतः मनुष्य का असली साथी मनुष्य स्वयं ही होता है। अपने में रमनेवाला व्यक्ति ही स्थिर आनन्द की तृप्ति लेता है। स्थिर आनन्द पाना ही जीवन का लक्ष्य है। जिसने अकेले रमना सीख लिया उसने अपना लक्ष्य पा लिया। वह अपने स्वरूप को पहचान गया। यही चरित्र-निर्माण का लक्ष्य है। चरित्रवान् व्यक्ति ही सच्चे अर्थों में एकान्तप्रिय हो सकता है।

एकाकीपन का यह अर्थ नहीं कि आदमी आंखें फोड़कर अन्धा हो जाए या कानों के पर्दे छेदकर बहरा बन जाए, टांगें तोड़कर समाधिस्थ या अंधे होकर प्रज्ञाचक्षु हो सकते तो दुनिया के लंगड़े-लूले और अंधे-काने सबसे पहले आत्मज्ञानी होते। अपनी प्रवृत्तियों की सम्यक् व्यवस्था करके उन्हें अपनी आत्मा में केन्द्रित करना ही सच्चा आत्मबोध है। एकान्तप्रिय वही होगा जिसे यह आत्मबोध होगा।

19

विचार ही हमें बनाते हैं

विचार और चरित्र–'जैसा विचार करोगे वैसा बन जाओगे'–इस उक्ति में गहरा सत्य छिपा है। गौतम बुद्ध ने यही कहा था। ईसामसीह ने भी यही कहा था।[1] विचारों में यही निर्माण-शक्ति है जो किसी भी अन्य दैवी शक्ति में है। इस शक्ति की कोई सीमा नहीं। हम अपनी आँखों से जो कुछ देखते हैं उसका चित्र हमारे मन के पर्दे पर खिंच जाता है। संपूर्ण विश्व की छवि हमारे मानसिक पट पर खिंची रहती है। किन्तु वह छवि, जो कुछ हम देखते हैं, उससे भिन्न होती है; क्योंकि मनुष्य स्वयं कलाकार है, अपनी प्रतिभा से वह उस चित्र में जैसा चाहे परिवर्तन कर लेता है। यह चित्र मनुष्य की प्रसुप्त चेतना में हर क्षण बना रहता है और उसके विचारों को प्रभावित करता है। इस चित्र में मनुष्य की

1. As a man thinketh in his heart so is he.

कल्पना जब तीव्र विचारों से जागकर दृढ़ इच्छा-शक्ति द्वारा प्रेरित होती है तब यही कल्पना मूर्तिमान् बन जाती है और मनुष्य अपने भाग्य का निर्माता बन जाता है। इसलिए हम कहते हैं कि विचार ही मनुष्य की प्रेरक शक्ति है और विचार ही मनुष्य का भाग्य-निर्माता है।

विचारों में निर्माण-शक्ति—विचार द्वारा यह निर्माण-कार्य एक क्षण में नहीं हो जाता। साधारण व्यक्ति अपनी कल्पना में चित्र का निर्माण करता है किन्तु अपनी इच्छा-शक्ति को इतना प्रबल नहीं बना पाता कि वह कल्पना को साकार कर सके। अपनी मंज़िल तक पहुंचने से पहले ही वह हिम्मत हार जाता है। उसके विचारों की शक्ति बहुत क्षीण होती है। इस शक्ति को बड़े प्रयत्न से सिद्ध करना चाहिए। बिखरे हुए विचारों में निर्माण-शक्ति नहीं होती। उन्हें एक बिन्दु पर केन्द्रित करने के बाद ही उनमें यह शक्ति आती है।

इस निर्माण-शक्ति के संचय के लिए मनुष्य को प्रतिदिन एकाग्र होकर यत्न करना चाहिए। एक आदर्श के लिए विचारों को एकाग्र करना युद्ध के लिए सैन्य-सामग्री को एक स्थान पर जमा करने के समान है। जिस तरह पानी की बूंदें एक ही स्थल पर गिरती हुई पत्थर को भी तोड़ देती हैं, उसी तरह विचारों की निरन्तर एकाग्रता संसार की प्रत्येक बाधा का मानमर्दन कर सकती है।

विचारों का केन्द्रीकरण—बिखरी हुई सूर्य की किरणें किसी वस्तु को नहीं जला सकतीं—किन्तु शीशे की सहायता से केन्द्र-बिन्दु पर केन्द्रित हुई वही किरणें एक क्षण में लोहे को भी पिघला देती हैं। विचारों के केन्द्रीकरण में भी यही शक्ति होती है। हमें अपनी मानसिक शक्तियों को एक ही बिन्दु पर केन्द्रित करना चाहिए। अभ्यास से शक्ति विकसित की जा सकती है।

गीता में भगवान् कृष्ण ने कहा है—''ध्यायतो विषयान्पुंसः संगस्तेषू-पजायते।' विषयों के चिन्तन से ही मनुष्य की संगति विषयभोग में होगी। शुभचिंतन से मनुष्य की संगति शुभ कार्यों में होगी। यह चिंतन ही मनुष्य को कर्मों में प्रवृत्त करता है। यूरोप के विख्यात दार्शनिक इमर्सन ने इन्हीं विचारों को बड़े सुन्दर शब्दों में लिखा है।

'विचारों को स्वतन्त्रता दीजिए, विचार कामनाओं का रूप धारण कर लेंगे; कामनाओं को स्वतंत्र मार्ग दीजिए, वे कार्य में परिणत हो जाएंगी; कार्यों को स्वतन्त्रता दीजिए, आदतें बन जाएंगी; आदतें ही कुछ दिन के बाद चरित्र के रूप में प्रकट होंगी; वही चरित्र मनुष्य के भाग्य का निर्माण करेगा।'[1]

विचारों द्वारा-भाग्य निर्माण–भाग्य-निर्माण का यह कार्य विचारों से ही प्रारम्भ होता है। विचारों की नींव पर ही कार्यों का भवन खड़ा किया जाता है। संसार में कोई भी काम अचानक नहीं होता। न ही संयोगवश कोई घटना घटती है। जिस प्रकार पौधा बीज में छिपा होता है, उसी तरह हमारे कार्य हमारे विचारों में रहते हैं। जो काम हम बिना सोच-विचार के करते हैं वे काम भी बीज रूप से हमारे विचारों में पहले से विद्यमान होते हैं।

सुविचारों की खेती–हमारा मस्तिष्क एक ऐसी उपजाऊ भूमि है जहाँ कुछ न कुछ अवश्य उगना है। यदि हम वहाँ कुशलता से फल-फूल लगाएं तो फुलवाड़ी बन जाएगी, काँटों की झाड़ियाँ लगाएं तो काँटे पैदा हो जाएंगे। और यदि प्रमादवश यों ही पड़ा रहेगा तो हमारे न चाहते हुए भी वहाँ कँटीली घास उग आएगी और निरुपयोगी पौधे सारी भूमि पर छा जाएंगे। हमारा मन कभी शून्य भाव में स्थिर नहीं रहता। यह प्रतिक्षण अपनी परिस्थितियां स्वयं बनाता रहता है। अपने निरन्तर प्रयत्न से यदि हम उसमें सुविचारों की खेती नहीं करेंगे तो कुत्सित विचारों का जंगल पैदा हो जाएगा।

क्षणिक आवेश का कोई अर्थ नहीं–जीवन की व्यवस्था में अकस्मात् कोई बात नहीं होती। जब मनुष्य कोई अपराध करता है तो केवल क्षणिक आवेश के वश में ही नहीं करता। हम प्रायः सुना करते हैं कि उस व्यक्ति ने क्षणिक आवेश में आकर खून कर दिया। यह कथन सर्वांश में सत्य

---

1. Allow the thought it may lead to choice;
Allow the choice it may lead to an act;
Allow the act it forms the habit;
Continue the habit, it shapes your character;
Continue the character, it shapes your destiny.

नहीं है। जो व्यक्ति किसी हत्या की दुर्भावना को देर तक मन में स्थान देता है, वही हत्या कर सकता है। गुप्त रूप से हत्या की भावना मन में होगी तभी हत्या कार्य होगा, अन्यथा बड़े से बड़ा आवेश भी मनुष्य को हत्या के लिए तैयार नहीं करेगा। यदि कोई मनुष्य मदिरालय में जाकर शराब पीता है या व्यभिचार करता है, तो यह कभी नहीं समझना चाहिए कि यह केवल उसका दुर्भाग्य ही है या परिस्थितियों ने उसे व्यभिचार करने को मजबूर कर दिया है। परिस्थितियां ही मनुष्य के चरित्र को बनाती या बिगाड़ती नहीं हैं, बल्कि मनुष्य के विचार ही परिस्थितियों का निर्माण करते हैं। मनुष्य अपने विचारों के अनुरूप संगति को ढूँढ लेता है। उसका वातावरण उसके विचारों के अनुकूल बन जाता है। तभी यह कहावत प्रसिद्ध है कि मनुष्य का चरित्र अपने संगी-साथियों और पुस्तकों से पहचाना जाता है परिस्थितियां एक काम अवश्य द रती हैं। वे मनुष्य के सामने उसका भेद खोल देती हैं। जिसे अपने चरित्र की परीक्षा करनी हो, वह अपने आसपास के वातावरण, संग तथा साहित्य की परख कर ले, उसे अपने चरित्र का सच्चा स्वरूप मालूम हो जाएगा।

प्रत्येक अपराध का इतिहास होता है–मनुष्य विचार करने में स्वतंत्र है, इसलिए वह अपने चरित्र को अपनी इच्छानुसार बनाने में ही स्वतंत्र नहीं, बल्कि अपने वातावरण को भी अपनी इच्छा के अनुकूल बनाने में स्वतंत्र है। संसारी जीवन यात्रा में वह हर कदम पर उन परिस्थितियों को अपने आसपास बटोरता रहता है जो उसके चरित्र के अनुकूल होती हैं और उसके स्वरूप को प्रकट करती हैं। अतः विचारों के अन्तर्जगत् के अनुसार ही मनुष्य का बाह्य जगत् बनता है। अपने मन को बुरे विचारों में भटकने देने की आज़ादी वही आदमी देगा जिसे कुत्सित विचारों में ही आनन्द आएगा। विचारों में व्यभिचार का आनन्द लेनेवाला व्यक्ति क्रिया में संयमी नहीं रह सकता। प्रथम अवसर पर ही वह पतित हो जाएगा। पतन को आकस्मिक कहकर बहुत लोग अपने को धोखा दिया करते हैं। यह प्रायः आकस्मिक नहीं बल्कि स्वाभाविक घटना होती है। ऐसे प्रत्येक अपराध के पीछे उसका इतिहास छिपा रहता है।

विचारों का गुंजन–विचारों द्वारा चरित्र-निर्माण की प्रक्रिया में एक बात और भी महत्त्वपूर्ण है। वह यह कि प्रत्येक विचार मनुष्य के मन व शरीर पर अपना स्थायी प्रभाव व एक गुंजन-सा छोड़ जाता है। इस गुंजन में एक आकर्षण रहता है। इस आकर्षण का व्यक्तिगत आकर्षण में बड़ा महत्त्व है। इस गुंजन के घनत्व में भी अन्तर होता है। निर्बल मनुष्य के निषेधात्मक विचारों के गुंजन का घनत्व बहुत कम होता है। इसलिए उन का प्रभाव बहुत स्थायी नहीं होता। इसके प्रभाव से सबल व्यक्ति कभी आकर्षित नहीं होते। इसके विपरीत सबल व्यक्ति के विचारों का गुंजन न केवल अपने आसपास सबल व्यक्ति को खींचता है बल्कि वह विचारक के मन को और भी सबल बनाने में सहायक भी होता है। सबल विचारों का वह चुम्बकीय प्रभाव जीवन के हर क्षेत्र में प्रकट होता है। प्रत्येक व्यक्ति का विचार-वातावरण अपने विचारों के अनुरूप बन जाता है। यही मनुष्य का चरित्र या व्यक्तित्व होता है।

व्यक्तियों का ही नहीं, संस्थाओं या स्थानों का वातावरण भी इसी तरह बनता है। राष्ट्रों का भी अपनी विचार-परम्पराओं के अनुसार अपना वातावरण बन जाता है। हर घर का अपना चरित्र होता है जो घर के पति-पत्नी के अनुसार होता है।

वातावरण मनुष्य के विचारों का दर्पण है–चिन्तन तो मनुष्य एकांत में, मन के गहरे पर्दे में छिपकर ही करता है किन्तु उसका प्रकाश स्वयं चारों ओर फैल जाता है। वातावरण मनुष्य के विचारों का दर्पण है। जिस तरह एक-एक बिन्दु से तालाब भरता है उसी तरह एक-एक विचार से मनुष्य-जीवन का भविष्य बनता है। विचारों का जैसा चुनाव करेंगे भविष्य वैसा ही बन जाएगा।

अच्छे दिनों की प्रतीक्षा में समय मत गंवाइए। जिस क्षण आप विचारों में उच्चता लाने का संकल्प करेंगे वही क्षण आपके जीवन का महत्त्वपूर्ण क्षण बन जाएगा। किसी भी रचनात्मक विचार-सारणी का चुनाव कर लीजिए। उसके बीजों का वपन आपके अन्तस्तल की गहराई में शुरू हो जाएगा। विचारों में ही जीने का अभ्यास कीजिए, आपका जीवन

विचारमय हो जाएगा। इस मानसिक क्रिया का प्रभाव स्वयं ही आपकी दैनिक चेष्टाओं में प्रकट होने लगेगा। विचार कभी प्रभावशून्य नहीं रहते, प्रभाव प्रकट होने में देर भले ही हो जाए।

अन्तर्मुख होना आदर्शों के निकट जाना है–विचारों में ही जीने का दूसरा नाम अन्तर्मुख होना है। अन्तर्मुख होते ही आपके अभीष्ट आदर्शों का चित्र आपके मानस पटल पर खिंच जाएगा। चित्र की रेखाएं जब अधिक स्पष्ट होने लगेंगी तो बाह्य जगत में भी वही रूप स्पष्ट होने लगेगा और आप सदैव अपने को अपने आदर्शों के समीप पाएंगे। हमारा भाग्य विचारों से ही बनता है। यदि हम अपनी आत्मा की गहरी खान में खोज करें तो हमें जगत् का प्रत्येक सत्य अपने से सम्बन्धित मालूम होगा। यही सत्य है। हम भी विश्व की आत्मा के ही अंश हैं। विषय-भोग की लालसा में हम इस सच्चाई को भूल जाते हैं। विचार-जगत में आकर हम फिर विश्वात्मा के निकट पहुंच जाते हैं। जिज्ञासु होकर ही मनुष्य ज्ञान-मन्दिर में प्रवेश पाता है। दरवाज़ा खटखटानेवाले के लिए ही दरवाज़ा खुलता है।

परिस्थितियों से युद्ध करने का अर्थ–आप पूछेंगे कि यदि मनुष्य अपने विचारों से अपनी परिस्थितियां स्वयं बनाता है तो परिस्थितियों से युद्ध करने का अर्थ क्या है? इसका अर्थ यह है कि मनुष्य बाह्य परिस्थितियों से जो विद्रोह प्रकट करता है वह सच्चा विद्रोह नहीं है। अपने मन में वह उन परिस्थितियों के कारणों को सुरक्षित रखकर पनपने देता है। उन कारणों से विद्रोह करने का साहस उसे नहीं होता। यही मनुष्य की निर्बलता उसके प्रयत्नों को निष्फल बना देती है।

काँटे बोकर फूल पाने की आशा–हम दरिद्रता से घृणा करते हैं किन्तु दरिद्रता के कारणों को अपनाए रहते हैं। आलस्य को दूर नहीं करते, काम से जी चुराते हैं और चाहते हैं कि दरिद्रता स्वयं दूर हो जाए हम बबूल के बीज ज़मीन में बोकर फूलों की आशा करते हैं। सुख की चाह सबको है, किन्तु जीवन में दुःख के बीज बोकर हम सुख नहीं पा सकते। विचारों और कार्यों में वह विरोध हमें जीवन में सफल नहीं होने देता। हम स्वास्थ्य चाहते हैं किन्तु जिह्वा का लोभ नहीं छोड़ सकते। स्वास्थ्य

के लिए हम हज़ारों रुपये खर्च कर देंगे, किन्तु स्वादु भोजन का लालच नहीं छोड़ेंगे। विचारों की काल्पनिक उच्चता ही हमें उत्कृष्ट नहीं बनाती, हमारे कार्य भी वैसे ही होने चाहिए।

विचारशील भी दुःखी होते हैं—दुनिया में बहुत-से उदाहरण ऐसे हैं कि मनुष्य विचारवान् होने पर भी दुःखी और विचारहीन होने पर भी सुखी नज़र आते हैं। इन उदाहरणों से यदि यह परिणाम निकाला जाए कि विचारशीलता दुःखजनक और विचार-हीनता सुखजनक है तो यह भूल होगी। वस्तुतः सुविचार और कुविचार में भेद करने में ही हम प्रायः भूल कर जाते हैं।

संसार में शुभ और अशुभ, पाप और पुण्य आपस में इतने उलझे हुए हैं कि दोनों में दो टूक निर्णय करना असम्भव कार्य है। बाह्य दृष्टि से पतित दिखाई देनेवाला व्यक्ति ही बहुत बार इतना गुणी सिद्ध होता है कि हम चकित रह जाते हैं। उसको उसके दुर्गुणों से नहीं, बल्कि गुणों से सफलता मिलती है। बेईमान आदमी में भी अनेक ऐसे गुण होते हैं जो ईमानदार में नहीं होते; ईमानदार आदमी में भी ऐसे दुर्गुण होते हैं जो बेईमान में नहीं होते। ईमानदार आदमी को अपने सद्‌गुणों का अच्छा ईनाम अवश्य मिलेगा, किन्तु अपने दुर्गुणों के अनिष्ट परिणाम से भी वह नहीं बच सकेगा। कुदरत के कानून किसी का पक्ष नहीं लेते। मनुष्य-मनुष्य को धोखा दे सकता है; कुदरत की आँखों में धूल नहीं झोंकी जा सकती।

शुभ कर्मों से अशुभ फल नहीं निकलेगा—हमें इस सच्चाई को कभी नहीं भूलना चाहिए कि अच्छे काम कभी बुरा परिणाम नहीं ला सकते। गीता में भगवान् कृष्ण ने अर्जुन को बड़े स्पष्ट शब्दों में कहा था; 'न हि कल्याणकृत् कश्चिद् दुर्गति तात गच्छति।' कल्याण करनेवाला कभी दुर्गति को प्राप्त नहीं होता। अनाज के बीज से बबूल का पौधा कभी पैदा नहीं होगा। धरती कैसी ही खराब हो, फलों के बीज से काँटों की खेती नहीं हो सकती; और धरती कितनी ही अच्छी हो, बबूल के बीज से अनाज के अंकुर पैदा नहीं होंगे। अच्छे विचार कभी बुरे कामों का परिणाम पैदा नहीं करेंगे।

मनुष्य को जब दुःख भोगना पड़ता है तो उसे समझ लेना चाहिए कि उसके विचारों में अवश्य कहीं भूल हुई है, वह कहीं भटक गया है, जीवन के

सच्चे नियमों का उल्लंघन कर गया है। परिस्थितियों में विषमता भी विचारों की उलझन से ही पैदा होती है। सीधे-स्वच्छ विचार कभी जीवन को विषम और जटिल नहीं बनाते। हमारे सुख और दुःख ही हमारे विचारों के मापक हो सकते हैं। सच्चे अर्थों में विचारशील व्यक्ति दुःखी नहीं हो सकता।

सच्चा विचारक वही है जिसका हृदय घृणा, काम-वासना और अभिमान से रहित हो। ऐसा विचारक संसार को निर्दोष नेत्रों से देखने लगता है। उसके हृदय से अखण्ड प्रेम की ज्योति निकलती रहती है। घोरतम शत्रु भी उसके दिल में शत्रुता की भावना को नहीं जगाते। अपने अपकारी के लिए भी वे सदा सहानुभूति, दया, क्षमा के कोमल भावों से भरे रहते हैं। विषाद और विद्वेष की आग से उनका हृदय कभी जलता नहीं है। पर्वतों के आंचल में स्थिर सरोवर की तरह उनका मन सदा शान्त रहता है।

सच्चा विचारक सदा आत्मतृप्त रहता है। उत्तेजना, चिन्ता और भय की आंधियां उसके आत्मस्थ मन को चंचल नहीं बनातीं। अशान्त व्यक्ति कभी सबल नहीं होता। बाह्य आघातों से विचलित होनेवाला व्यक्ति बहुत दुर्बल होता है। अपनी दुर्बलताओं से ही वह सदा थका-हारा-सा रहता है। इन दुर्बलताओं पर केवल विचार द्वारा ही विजय पाई जा सकती है। विचारों को सुविचारों से ही बलशाली बनाया जा सकता है।

20

एकाग्रता और स्मृति-शक्ति का संचय

एकाग्रता की शक्ति–विचारों में शक्ति तभी आती है जब विचारों का प्रकाश एक ही बिन्दु पर केन्द्रित किया जाए। लक्ष्य का निश्चय करके एकाग्र मन से ही उसका साधन हो सकता हे।

उपनिषदों में कहा है :

प्रणवों धनुः शरो ह्यात्मा
लक्ष्यवत्तन्मयो भवेत्।

अर्थात् ब्रह्मज्ञान की प्राप्ति के लिए प्रणव के धनुष पर आत्म का बाण लेकर लक्ष्य के साथ तन्मयता बनाना ही मनुष्य लक्ष्य का वेधन कर सकता है। लक्ष्य के साथ तन्मयता बनना ही मन का एकाग्र बनाना है। जब मन में अपने लक्ष्य के अतिरिक्त कोई ध्यान न रहे तभी एकाग्रता आती है। तीरन्दाज़ अपने निशाने को तभी वेध सकता है जब उसकी आँखें अपने लक्ष्य के अतिरिक्त कुछ भी न देख सकें। यह एकाग्रता निरन्तर अभ्यास से आती है। यह भी एक कला है। इसकी साधना प्रत्येक व्यक्ति कर सकता है। साधना की शक्ति प्रत्येक मनुष्य की अन्तरात्मा में रहती है। अन्य उपकरणों की इसमें कोई आवश्यकता नहीं। मन में संयम आत्मा की आन्तरिक शक्ति से ही सम्भव है। मन का संयमित संकल्प ही आत्मबल बन जाता है। संसार की कोई भी शक्ति इस आत्मबल या मनोबल का सामना नहीं कर सकती। आत्मबली व्यक्ति स्वेच्छा से सब काम कर सकता है। यह मनोबल केवल अध्यात्म-क्षेत्र में ही सहायक नहीं होता बल्कि जीवन के प्रत्येक क्षेत्र में यह मनुष्य को सफलता देता है।

एकाग्रता भी कला की साधना है–एकाग्रता का अभ्यास करना भी एक कला है। पहल-पहले इस अभ्यास से मन में एक खिंचाव-सा बना रहता है। किन्तु बाद में यह खिंचाव दूर हो जाता है। मन सहज एकाग्र बन जाता है। यह एकाग्रता लक्ष्य के प्रति मन में गहरी दिलचस्पी के बिना सिद्ध नहीं होती। अतः एकाग्र होने से पूर्व मन में लक्ष्य का प्रेम होना आवश्यक है। उदासीन मन कभी एकाग्र नहीं होगा। उदासीनता प्रायः निराशा और प्रमाद से जीवन के प्रति उदासीन बना देती है। यह उपेक्षा एकाग्रता की शत्रु है। एकाग्रता के अभ्यास से पूर्व इस अनमनेपन को दूर करना होगा। प्राप्तव्य वस्तु के प्रति दृढ़ इच्छाशक्ति को जागरित करना होगा। ज्ञान की प्राप्ति उसे ही होती है जो सच्चे जिज्ञासु होते हैं। जीवन के ऊँचे-नीचे, टेढ़े-मेढ़े जटिल रास्तों से वही गुज़रते हैं जो जीवन से प्रेम करते हैं। अन्यमनस्क व्यक्ति किसी भी काम को सफलतापूर्वक सम्पन्न नहीं कर सकता।

स्मृति-शक्ति का महत्त्व–स्मृति-शक्ति का ह्रास भी तभी होता है जब मनुष्य उदासीन हो जाए। विचारक होने के लिए स्मरण-शक्ति का

चुस्त रहना भी अनिवार्य है। इस शक्ति की प्राप्ति भी तभी होगी जब मनुष्य अपने में और अपने आसपास की चीज़ों में सच्ची दिलचस्पी लेगा। सच्ची दिलचस्पी लेनेवाला ही अपनी परिस्थितियों की परख कर सकता है और अपने लिए अपने अनुकूल नया वातावरण पैदा कर सकता है।

मनुष्य का अर्धचेतन मन इन अगली-पिछली स्मृतियों का एक अमर-कोष-सा बन जाता है। जीवन की सब घटनाएं उसमें चित्रित हो जाती हैं। कुछ ऐसी घटनाएं भी उस पर असर छोड़ जाती हैं जो चेतन मन के निकट भी नहीं जातीं। इसलिए मनुष्य का प्रसुप्त मन उसके चेतन मन से अधिक प्रभावशाली होता है। हमारे मस्तिष्क को ऐसा अभ्यास होना चाहिए कि हम अपने स्मृति-कोष का पर्दा खुलते ही सब संस्मरणों के प्रवाह में न बह जाएं बल्कि ऐसे ही संस्मरणों को मन में लाएं जो हमारे मानसिक स्वास्थ्य के लिए लाभदायक हों।

परिस्थितियों से प्रेम कीजिए—स्मरण-शक्ति में वृद्धि का सच्चा उपाय यही है कि हम अपनी परिस्थितियों के साथ प्रेम का व्यवहार करना सीखें; उन्हें अपनी दिलचस्पियों का विषय बनाएं। जो व्यक्ति अपने आसपास की चीज़ों से प्रेम का सम्बन्ध नहीं जोड़ सकता वह दूर की चीज़ों से कैसे प्रेम करेगा? निकट की वस्तुओं के प्रति उदासीन रहकर दूर की वस्तुओं में मन लगाना मन की विकृत अवस्था का द्योतक है। स्वाभाविक यही है कि हम अपनी परिस्थितियों से प्रेम करना सीखें।

विचार और स्वास्थ्य—शरीर में मन मुख्य है, शरीर गौण। मन में कुत्सित विचारों के पैदा होते ही शरीर का स्वास्थ्य बिगड़ना प्रारम्भ हो जाता है। मन को उपयोगी कार्यों में लगाए रखना स्वास्थ्य प्राप्त करने की पहली सीढ़ी है। नदी की प्रवहमान धारा की तरह हमारे काम सरल स्वाभाविक रूप से होते रहे तो स्वास्थ्य बहता हुआ आकर स्वयं हमारे चरण धोएगा। रोगी होना शरीर का स्वभाव नहीं है। रुग्णता प्रकृति नहीं, विकृति है। रोगी व्यक्ति कभी धर्मात्मा नहीं हो सकता। आध्यात्मिक उन्नति की पहली शर्त शारीरिक स्वास्थ्य है। प्रसिद्ध वचन है 'शरीरमाद्य खलु धर्मसाधनम्'—शरीर ही धर्म का प्रथम साधन है। शरीर की थकान से पहले मनुष्य का मन थकता है।

शरीर के रोगी होने से पहले मनुष्य का मन रोगी होता है। इसलिए हमें मानसिक क्लान्ति पर विजय पाने का परिश्रम करना चाहिए; विचारों में स्वास्थ्य पाने का यत्न करना चाहिए। जब तक चरित्र में अवगुण रहेंगे, आदर्श स्वास्थ्य की आशा व्यर्थ है। कुविचार मानसिक विकार हैं और चूंकि शरीर मन का अनुयायी है, मानसिक विकार शरीर को विकृत करते हैं।

आज का मानव नाना प्रकार की अहितकर इच्छाओं और कुविचारों से अशान्त रहता है। ये कुविचार ही रोग का कारण बन जाते हैं। मनुष्य विलासिता की जगमगाती चीज़ों को देखते हैं। उन्हें पाने के लिए उतावले होते हैं। एक के बाद दूसरे के पाने की चाह रहती है। इस प्रकार इच्छाओं की अनावर्त तारतम्यता बन जाती है। परिणाम यह होता है कि वह न तो भरपेट भोजन करता है और न सन्तोष की नींद लेता है। एक थकान-सी शरीर की नस-नस में भर जाती है। इस थकान से मानव-जीवन का जितना क्षय होता है उतना प्लेग व हैज़े से नहीं होता। पशुओं का जीवन भी हमसे अधिक शान्त है। पशु भोजन पाने के बाद सुख से सोता है परन्तु मनुष्य सदा अशान्त रहता है; शरीर को मन की आज्ञा माननी पड़ती है। चतुर चिकित्सक सदैव शारीरिक अव्यवस्था का कारण मन में ढूँढेगा। जैसे विचार होंगे वैसा विकार बन जाएगा। कुविचारों का विष मन तक ही सीमित नहीं रहता, वह शरीर के अवयवों में भी फैल जाता है।

शरीर के प्रति उदासीन रहनेवाले सन्त-साधु मानसिक निश्चेष्टता भले ही पा लें मानसिक आनन्द प्राप्त नहीं कर सकते। इसी मानसिक शान्ति के प्रति उपेक्षित रहने वाले व्यक्ति कभी शारीरिक स्वास्थ्य को नहीं पा सकते।

21

उपसंहार

सुधार नहीं, निर्माण–चरित्र-निर्माण ऐसा निर्माण-कार्य नहीं जैसा चित्रकार चित्र का निर्माण करता है या मूर्तिकार मूर्ति को घड़कर बनाता

है। जिस भगवान् ने अपने अंग से मनुष्य-रूप में अपनी सुन्दरतम कला की सृष्टि की है, उसने मनुष्य-चरित्र का भी निर्माण किया है। मनुष्य को अपने चरित्र में ईश्वरीय गुणों का सौन्दर्य विरासत में मिला है। हमारे शास्त्रों में मनुष्य को ईश्वर का वरद पुत्र कहा गया है। इसलिए चरित्र-निर्माण का अर्थ किसी अभाव की पूर्ति से नहीं है, स्वभाव से ही मनुष्य दिव्य चरित्रवाला है। जैसे फूल जन्म से ही रंग और रूप की सजावट लेकर आता है वैसे ही मनुष्य भी दिव्यता लेकर अवतरित होता है। वह प्रकृति से सच्चरित्र होता है। किन्तु हमारी सामाजिक व्यवस्था दोषपूर्ण है। व्यक्तिगत रूप से मनुष्य प्रायः सदा सच्चरित्र रहता है परन्तु सामाजिक संगठन में बंधते ही वह स्वार्थी, लोलुप और शोषणप्रिय हो जाता है। मनुष्य सामाजिक प्राणी है। उसके व्यक्तित्व का एक छोर उसकी व्यक्तिगत आत्मा से मिला हुआ है तो दूसरा छोर सम्पूर्ण जन-समाज से बंधा हुआ है। समाज के नियम उसके व्यक्तित्व को जटिल बना देते हैं। उसमें हिंसा, प्रतिहिंसा, स्वार्थ, शोषण आदि अनेक प्रवृत्तियां जागृत हो जाती हैं। ये प्रवृत्तियां उसके चरित्र को निष्कलंक नहीं रहने देतीं। इनके प्रभाव से वह अछूता नहीं रहता।

उसका चरित्र भी इन विविध रंगों में रंगा जाता है। चरित्र-निर्माण का उद्देश्य इन भावों से चरित्र को दूषित होने से बचाता है। समाज की विषैली हवाओं से मनुष्य के चरित्र की रक्षा करने का कार्य भी चरित्र-निर्माण का उद्देश्य है।

जिस तरह स्वास्थ्य की निरन्तर चिन्ता से स्वास्थ्य का निर्माण नहीं होता, उसी तरह चरित्र की निरन्तर चिन्ता से चरित्र का निर्माण नहीं होता। यह चिन्ता चरित्र की शत्रु बन जाती है। निर्माण का काम प्रकृति के हाथ में छोड़कर हमें केवल दूषित वातावरण से उनकी रक्षा करने का कार्य करना चाहिए।

कुछ लोग मनुष्य के अवगुणों को दूर करना ही चरित्र-निर्माण का अभिप्राय समझते हैं। मैं उनसे भी सहमत नहीं हूँ। मैं अवगुणों की पृथक् सत्ता नहीं मानता। गुणों के प्रभाव से पैदा हुए रिक्त स्थान को ही हम अवगुण

कह देते हैं। गुणों की विद्यमानता में वह रिक्त स्थान स्वयं भर जाता है। अवगुणों को दूर करने की चिन्ता से अवगुण दूर नहीं हो सकते। ऐसी चिन्ता मनुष्य के मन को बार-बार अवगुणों की ओर आकर्षित करती है, जिससे अवगुणों का एक काल्पनिक चित्र काल्पनिक होते हुए भी इतनी गहरी रेखाओं में खिंच जाता है कि उसे दूर करने में हम असमर्थ हो जाते हैं।

झूठ के अवगुण से युद्ध करने का तब तक कोई अर्थ नहीं जब तक हम उसके स्थान पर सत्य की स्थापना नहीं कर देते। हिंसा को दया से और असत्य को सत्य से जीता जा सकता है। इसलिए हमें असत्य और हिंसा की काल्पनिक मूर्तियों से युद्ध करने के स्थान पर सत्य और प्रेम के बीज मनुष्य की आत्मा में बोने का परिश्रम करना चाहिए। बीज रूप से वे गुण आत्मा में रहते ही हैं—केवल प्रतिकूल अवस्थाओं में उन्हें नष्ट होने से बचाना ही चरित्र-निर्माण का अर्थ है।

हमें आवश्यकता है चरित्र-निर्माण की, न कि चरित्र-सुधार की। सुधार का काम तो तभी होगा जब निर्माण का काम पूरा हो जाए, और निर्माण यदि सच्चे अर्थों में हुआ है तो सुधार की आवश्यकता ही नहीं रहती। सत्य का सच्चा अभ्यास करने के बाद असत्य का कलंक धोने की आवश्यकता ही नहीं रहती। जब हम प्रेम को जीवन का अंग बना लेंगे तो द्वेष-भावना का अस्तित्व ही नहीं रहेगा।

प्रेम में ओतप्रोत हो जाइए, द्वेष स्वयं नष्ट हो जाएगा। सत्य की साधना कीजिए, झूठ का विचार ही पैदा नहीं होगा। गुण सीखिए, अवगुण स्वयं लुप्त हो जाएंगे, जैसे प्रकाश के आने पर अंधेरा भाग जाता है।

सफलता की कुञ्जी—चरित्र-निर्माण कोई ऐसी कला नहीं है जिसकी साधना 'स्वान्तः-सुखाय' हो। चरित्र-जीवन के किसी आंशिक गुण का भी नाम नहीं है, यह तो सम्पूर्ण जीवन का नाम है। जीवन का निर्माण ही चरित्र-निर्माण की सफलता है। सफलता ही इसकी कसौटी है और सफलता के उद्देश्य से ही जीवन के सब प्रयत्न किए जाते हैं।

जिस क्षण मनुष्य कोई इच्छा करता है उसी क्षण उसके विचार-जगत् में तथा बाह्य वातावरण में एक प्रकम्पन-सा पैदा हो जाता है, ठीक उसी

तरह जैसे प्रशान्त पानी में पत्थर के गिरने से। प्रकम्पन की ये धाराएं चारों ओर के वातावरण में लहरें बनकर फैलना शुरू कर देती हैं मानो मनुष्य की इच्छा ही मूर्तिमान् होकर अपना विस्तार कर रही हो। इच्छा स्वयं चेतना धारा है—जड़ पाषाण नहीं। ये प्रकम्पन अन्य प्रकम्पनों की सृष्टि करते हैं और उनसे मिलकर तथा किनारे के आघात-प्रत्याघात से विक्षुब्ध होकर आकाश-चुम्बी ज्वार-भाटे का रूप धारण कर लेते हैं। इन संचित प्रकम्पनों में इतनी शक्ति पैदा हो जाती है कि दुनिया की बड़ी-बड़ी बाधाएं भी सिर झुका देती हैं।

इसी तरह मनुष्य अपने अभीष्ट को पा लेता है। वह जो चाहता है पा लेता है। जैसा चाहता है बन जाता है। मनुष्य की इच्छा के इन प्रकम्पनों में ऐसा चुम्बकीय खिंचाव होता है कि एक प्रकम्पन दूसरे को आकर्षित करता रहता है। दुनिया का कोई भी खिंचाव अकेला नहीं होता। आकर्षण सदा परस्परापेक्षी होता है। आप किसी वस्तु को चाहें, इससे पूर्व उसमें आपकी चाह विद्यमान होनी चाहिए। किसी वस्तु में अपना अंश होने पर ही वह अभीष्ट बनती है : 'आत्मनः एवं कामाय वै सर्वः प्रियो भवति', अन्यथा उसने आपके मन में उसे अपना बनाने की इच्छा ही क्यों जागरित की? आपकी मानसिक और भावना-शक्ति आपकी अदृश्य कामना में केन्द्रित होती है, उसके बाद अपने प्रयत्न से आप उसे प्राप्त कर लेते हैं।

प्रयत्न की कोई भी दिशा हो, सफलता उसी मनुष्य को मिलती है जो प्रत्येक क्षण अपने निर्माणोन्मुख विचारों में उत्साह और जीवन भरता रहता है। कार्यक्षेत्र कोई भी हो सकता है। सफलता के साथ कार्यक्षेत्र के रूप का कोई सम्बन्ध नहीं है। महत्त्वपूर्ण बात यह नहीं है कि आपका व्यवसाय कौन-सा है बल्कि यह है कि आप अपना कार्य कितनी लगन से करते हैं। सच्ची लगन में निराशा का कोई स्थान नहीं और अक्षमता की कल्पना भी नहीं। अक्षमता का विचार मनुष्य की प्रगति को रोककर उसे निश्चेष्ट बनाता है। चिन्ताशील मनुष्य बहुत शीघ्र हतोत्साह होकर निर्बल हो जाता है। उसकी चिन्तातुरता उसके अविश्वासी हृदय की बीमारी है। अविश्वासी और मन्दसाहसी व्यक्ति जीवन में सफल नहीं होता।

सफलता की पहली शर्त यह है कि आप अपनी असंभव को संभव बनाने की क्षमता पर कभी अविश्वास न करें। विश्वास के बिना हर काम कठिन है। आपके मन का विश्वास ही आपकी मुश्किलों को आसान बना सकता है, कोई भी बाह्य शक्ति यह काम नहीं कर सकती। विश्वास की जलधारा के सामने बाधाओं की चट्टानें टूटकर बिखर जाती हैं।

जीवन का मार्ग बाधाओं की चट्टानों से पटा पड़ा है। इन बाधाओं को ही सीढ़ी बनाकर चढ़नेवाला व्यक्ति सफलता के शिखर पर पहुँच पाता है। उनसे घबराकर बैठनेवाला व्यक्ति कभी आगे नहीं बढ़ सकेगा। सफलता का दीपक आपके अन्तःकरण की ज्योति से ही जलेगा, आपको अपने हाथों उसे जलाना होगा। अनुकूल अवसर का संकेत भी आपका अन्तःकरण ही आपको देगा। उस अवसर की प्रतीक्षा मत कीजिए। वह स्वयं नहीं आएगा। अवसर की प्रतीक्षा करना निराधार सपने लेने के समान मिथ्या है। यदि आप दैव, भाग्य या अवसर पर ही भरोसा रखते हैं तो आपका जीवन असफलताओं और मानसिक दुर्बलताओं से भर जाएगा। प्रत्येक दैवी घटना के पीछे मनुष्य का हाथ होता है। सफलता संयोग से नहीं, पुरुषार्थ से मिलती है। बीते समय पर आँसू बहाना कायरों का काम है। परिस्थितियों को कोसना अपने को धोखा देना है। इस रोने-धोने में शक्ति का अपव्यय मत कीजिए। हर नया दिन नई आशाओं के साथ उदय होता है। हर सफलता नई सफलता के मार्ग को आसान बनाती है। कोई भी असफलता इतनी बड़ी नहीं कि वह आपकी सफलता पाने की योग्यता को छोटी कर दे। आपका जीवन वह दीपक नहीं जो हवा के झोंकों से बुझ जाए। यह तो वह ज्वाला है जो आंधियों से लिपटकर आसमान को ललकारती है।

आप अपने प्रतिदिन के कार्यों की असफलता से ही अपने को क्यों तोलते हैं। यह तो आपकी शिक्षा का समय है। जीवन के हर क्षण को अन्तिम परीक्षा का क्षण समझना भूल है। आपको जिस शिखर पर चढ़ना है, वह दूर है। जो कुछ आप कर रहे हैं वहीं तक आपका कार्यक्षेत्र सीमित नहीं है। जीवन-यात्रा के हर पड़ाव को लक्ष्य मत समझिए। इस

यात्रा में कोई मुसाफिर सदा एक ही चाल से नहीं चल सकता। आज आपके कदम भारी हैं तो कल हल्के हो जाएंगे। याद रखिए–आप दूर के यात्री हैं। आपको ऊँचा चढ़ना है। रास्ते की थकान को क्षणिक थकान ही समझिए। उसे कठिन बाधा समझकर बैठना पागलपन है। निरुत्साहित होने मात्र से आपके मार्ग की कठिनाइयां आसान नहीं होंगी। उत्साह बनाए रखिए। उत्साही मनुष्य थकता भी है, ठोकरें भी खाता है, किन्तु बढ़ता ही जाता है। ऊँचे उद्देश्यों का आकर्षण उसकी नसों में नया रक्त भर देता है, नई शक्ति का संचार होता है और वह फिर परिवर्धित उत्साह के साथ अपनी मंज़िल की ओर बढ़ता है।

विजय और सफलता की चाह सबको है, किन्तु उसकी कीमत अदा करनेवाले थोड़े ही हैं। सब लोग बिना मूल्य सफलता पाने को उतावले हो जाते हैं। यह अधीरता विनाशक होती है। जीवन की यात्रा स्थिर बुद्धि और स्थिर कदमों से तय करनी चाहिए। अधीरता प्रायः आत्म-विश्वास की न्यूनता से होती है। विश्वास की पूर्णता मनुष्य को स्थिरता सिखलाती है। आप अपनी क्षमता का जो मूल्य बना लेंगे, दुनिया भी आपको उसी मूल्य से जाँचेगी। स्थितप्रज्ञ और संयत व्यक्ति अपने सम्मान को संसार की दृष्टि में ऊँचा रखता है। आत्मगौरव की इस भावना की झलक उसके नित्यप्रति के व्यवहार में भी स्पष्ट दिखाई देती है। उसका गौरवान्वित व्यक्तित्व संसार के लिए आकर्षण का विषय बन जाता है। दुनिया के लोग ऊँचे व्यक्तित्व की ओर खिंचे आते हैं। यही यशस्वी मनुष्यों की उज्ज्वल कीर्ति का रहस्य है।

सभी व्यक्ति जगत् के क्रिया-कलापों को अपने मनोभावों के अनुकूल ग्रहण करते हैं। यही कारण है कि एक चित्रकार आकाश में तैरते बादलों और रम्य प्रदेशों का सौन्दर्य देखकर मुग्ध होता है। कवि के लिए प्रकृति का हर रूप उसकी कविता का प्रतीक हो जाता है। निराश व्यक्ति के हृदय में वही दृश्य अंधकार और उदासी की भावनाएं जगती हैं। ऐसे विकृतमना व्यक्ति की आत्मा उसके शरीर में कुचली और दबी-सी पड़ी रहती है। बाधाओं और विघ्नों में हमें नया उत्साह और नई उमंग मिलनी

चाहिए। आपके विघ्न अभिशाप नहीं वरदान हैं। उन विघ्नों के रूप में प्रकृति हमें उल्टे रास्ते पर न चलने के लिए चेतावनी देती है। हमें उस चेतावनी के लिए कृतज्ञ होना चाहिए।

कमर कसकर जीवन-संग्राम में युद्ध करने को तैयार हो जाइए। जो उपकरण आपके हाथ में हैं उनके प्रयोग के लिए अपनी शक्ति को केन्द्रित कर दीजिए। जो परिस्थितियां आपके चारों ओर हैं उनका अधिक से अधिक उपयोग करने के लिए दत्तचित्त हो जाइए। आपका कार्य-क्षेत्र ही आपका देवालय है। हाथ के काम को पूरे मन से, पूरी लगन से कीजिए। अपने उपयोगी कार्य को दिलचस्पी के साथ करना ही सबसे बड़ा मनोरंजन है। इस कार्य द्वारा ही आप अपने को संसार में व्यक्त कर सकते हैं। यह अभिव्यक्ति ही मनुष्य का विकास करती है।

इस व्यापक विश्व में प्रत्येक व्यक्ति का अपना स्थान है। जिसने अपने योग्य स्थान का ज्ञान पा लिया, वह संसार की लहरों के साथ खेलता हुआ, तैरता हुआ पार हो जाएगा और उसका जीवन संसार के लिए उपयोगी सिद्ध होगा। मनुष्य को चाहिए कि वह अपनी योग्यता को परखकर अपने अनुकूल कार्य का चुनाव कर ले। जिस काम में उसके गुणों का सबसे अधिक प्रदर्शन हो सके वही काम उसके योग्य है। एक बार अपना कार्यक्षेत्र चुनकर उसे सफल बनाने के लिए तन-मन से लग जाना चाहिए। प्रत्येक पुरस्कार के लिए हमें मूल्य चुकाना चाहिए। हम जितनी कुर्बानी करेंगे उतना ही पाएंगे। जहां कुर्बानी में आनन्द आए वहीं हमारा स्थान है। आनन्दप्रेरित काम ही मनुष्य का विकास करता है। आनन्द से ही सब प्राणियों का जन्म होता है और आनन्द में ही विलोप।

आप इस भ्रम में मत पड़िए कि आप कभी किसी जादू, चमत्कार या दैवी कृपा से किसी काम में सफलता पा सकेंगे। यश और सफलता के मार्ग में कोई पगडण्डी नहीं है। रास्ता काटकर थोड़े समय में आप वहाँ तक नहीं पहुँच सकते। यह भी सच नहीं है कि थोड़े ईश्वरीय कृपापात्र व्यक्ति ही सफलता के शिखर पर पहुँच सकते हैं। ईश्वर की कृपा के पात्र सभी व्यक्ति होते हैं। उसका किसी पर अनुचित पक्षपात नहीं है।

शिखर पर पहुंचने के लिए मनुष्य को साधनों की आवश्यकता है, उन्हें उसे स्वयं जुटाना पड़ता है।

सम्पूर्ण साधनों के होते हुए भी यदि आप सफलता के शिखर पर नहीं पहुँच पाते, तो भी दैव को कोसना उचित नहीं है। सच्चे हृदय से यात्रा करने में जो आनन्द आता है वही आनन्द शिखर पर पहुँचने में है। सफलता किसी निश्चित स्थल का नाम नहीं। यह तो केवल मन की अवस्था का नाम है। जिसकी मानसिक अवस्था स्वस्थ और आनन्दमयी है, वह असफलता निरानन्द हो ही कैसे सकती है? स्वस्थचित्त व्यक्ति कभी क्षणिक शोक-मोह आदि विकारों से प्रताड़ित नहीं होता। असफलता और निराशा उसके मानसिक सन्तुलन को कभी विचलित नहीं करतीं, उसे निश्चेष्ट नहीं बनातीं।

विचार और ध्येय–प्रत्येक गतिशील वस्तु का कोई ध्येय अवश्य होता है। नदी का प्रवाह समुद्र में लीन होकर विश्रान्ति पाता है। विचारों की धारा का कोई ध्येय अवश्य होना चाहिए। निरुद्देश्य विचारों की उपयोगिता नष्ट हो जाती है। विचार करना मनुष्य के मस्तिष्क का धर्म है। कोई न कोई विचार मनुष्य के मन में उठता ही रहता है। किन्तु प्रत्येक विचार उपयोगी नहीं होता। उसे उपयोगी बनाने के लिए विचारों का केन्द्र बना लेना आवश्यक है। अन्यथा वह व्यर्थ की कल्पनाओं में घूमता रहेगा। इन कल्पनाओं में मनुष्य की विचारशक्ति ही नष्ट नहीं होगी, बल्कि वह जीवन के मार्ग में भी भटक जाएगा। विचारों का असंयम उसे विषयी और कामान्ध बना देगा। अतः चरित्र-निर्माण की यह बहुत महत्त्वपूर्ण शर्त है कि विचारों को एक लक्ष्य पर केन्द्रित किया जाए।

प्रत्येक व्यक्ति को अपना ध्येय निश्चित करते हुए अपने साधन और अपनी परिस्थितियों की अनुकूलता का ध्यान रख लेना चाहिए। ध्येय के चुनाव से मेरा यह अभिप्राय नहीं कि मनुष्य जीवन की धारा को संकरी दीवारों में बांधकर ही एक दिशा में ले चले, उस तरह जैसे नदी के पानी को नहर में बांधकर बिजली पैदा करने के लिए एक ही दिशा में ले जाया जाता है। मनुष्य जीवन की धारा को इस तरह दीवारों में बांधा

नहीं जा सकता। यह बन्धन आत्मा के स्वभाव के प्रतिकूल है। मनुष्य की आत्मा उन्मुख रहना चाहती है। स्वतंत्रता उसका धर्म है। अतः एक ही ध्येय का निश्चय करते हुए हमें स्मरण रखना चाहिए कि हमारी आत्मा पिंजरे में कैद नहीं हो सकती।

हर आदमी को पर्वत के शिखर पर पहुँचने पर ध्येय नहीं बनाना चाहिए। दूर से सुन्दर और ऊँची दिखनेवाली हर चीज़ वस्तुतः उतनी सुन्दर नहीं होती। स्वर्ग आसमान में ही नहीं है। हर घर और हर मनुष्य का मन ही स्वर्ग बन सकता है। स्वप्न लेना बुरा नहीं, किंतु हर स्वप्न को सच्चा बनाने के लिए पागल होना जीवन की शक्ति को नष्ट कर देना है।

भविष्य की आशाओं पर वर्तमान के छोटे-छोटे आनन्दों की कुर्बानी करना उचित नहीं है। ऊँचा ध्येय बनाकर जीवन के छोटे-छोटे सुखों की उपेक्षा करने से हम अपने कर्तव्यों की उपेक्षा करना शुरू कर देंगे। ध्येय कितना ही ऊँचा हो—हमें अपने वर्तमान कर्तव्यों के पालन में शिथिलता नहीं करनी चाहिए।

जीवन की सफलता ऊँचे ध्येय तक पहुंचने में ही नहीं, बल्कि मार्ग के कर्तव्यों को पूरा करते हुए शिखर तक पहुँचने में है। महत्त्वपूर्ण बात यह नहीं है कि हम कौन-कौन-सा कार्य करते हैं, या वह कितना महान है बल्कि यह कि हम किसी भी काम को किस रीति से करते हैं। उपयोगी कामों में कोई भी काम छोटा नहीं है। काम की महत्ता या लघुता का माप उसकी उपयोगिता से ही जाँचना चाहिए। सब काम प्रायः एक-से महत्त्व के होते हैं। मनुष्य का चरित्र उसके ध्येय की ऊँचाई से नहीं, बल्कि उस ध्येय को पाने के तरीके से ही प्रकट होता है। ऊँचा ध्येय पाने के लिए मनुष्य यदि अधम उपायों का प्रयोग करता है तो ध्येय की ऊँचाई ही उसके चरित्र को नीचा गिरने से नहीं बचा सकती।

□□□